JOSEPH CHAILLEY-BERT ET ARTHUR FONTAINE

LOIS SOCIALES

RECUEIL DES TEXTES

DE LA LÉGISLATION SOCIALE DE LA FRANCE

PREMIER SUPPLÉMENT

DONNANT LES TEXTES DE 1895

PARIS

BERGER-LEVRAULT ET Cⁱᵉ | LEON CHAILLEY
ÉDITEURS | ÉDITEUR
5, rue des Beaux-Arts | 41, rue de Richelieu

1896

PUBLICATIONS DE L'OFFICE DU TRAVAIL
Ministère du Commerce, de l'Industrie, des Postes et Télégraphes.

BULLETIN DE L'OFFICE DU TRAVAIL
Paraissant tous les mois par fascicules d'environ 3 feuilles in-8°

3ᵉ ANNÉE. — 1896.

Prix de l'abonnement d'un an (France) : 2 fr. 50 c.
Union postale : 3 fr. 50 c. — Prix du numéro : 20 c.

Le Placement des employés, ouvriers et domestiques en France. — *Son histoire, son état actuel.* — Avec un appendice relatif au Placement dans les pays étrangers. 1893. 1 vol. grand in-8° de 742 pages, avec de nombreux tableaux, broché . . . . 8 fr.

De la Conciliation et de l'Arbitrage en matière de conflits collectifs entre patrons et ouvriers en France et à l'étranger. 1893. 1 vol. grand in-8° de 616 pages, broché . . . . 6 fr.

Examen analytique du 6ᵉ rapport annuel (1890) du « Département du travail » des États-Unis d'Amérique (industries houillère et sidérurgique). — *De l'emploi des artères et de la participation intéressée du personnel dans les chemins de fer russes.* 1893. 1 volume grand in-8° de 93 pages . . . . . . 1 fr. 50 c.

Salaires et durée du travail dans l'industrie française. Tome Iᵉʳ : Département de la Seine. 1893. 1 vol. grand in-8° de 623 pages, broché. 7 fr. 50 c.
— Tome II. Industries extractives, produits alimentaires, industries chimiques, caoutchouc, papier, cuirs et peaux, textiles dans les départements autres que celui de la Seine. 1894. 1 vol. grand in-8° de 766 pages, broché . 7 fr. 50 c.
— Tome III. Industries du bois, tabletterie, métaux. Travail des pierres et des terres. Établissements de l'État ou des communes dans les départements autres que celui de la Seine. Entreprises de transport en commun. 1896. 1 volume grand in-8° de 654 pages, broché . . . . 7 fr. 50 c.

La Petite Industrie (Salaires, durée du travail) : Tome Iᵉʳ : *L'Alimentation à Paris.* 1893. 1 volume grand in-8° de 500 pages, broché . . . . . 2 fr. 50 c.
— Tome II : *Le Vêtement à Paris.* 1896. 1 vol. grand in-8° de 727 p., br. . 5 fr.

Hygiène et sécurité des travailleurs dans les ateliers industriels. Législation française et étrangère. 1895. 1 vol. grand in-8° de 659 pages, br. 5 fr.

Documents sur la question du chômage. (*Sous presse.*)

Résultats statistiques du Dénombrement général de la population de 1891. 1 vol. grand in-8° de 824 p., avec 56 diagrammes et cartogrammes, br. 15 fr.

Résultats statistiques du Dénombrement des étrangers en France en 1891. 1 volume in-8° de 349 pages, avec cartes et diagrammes, broché . 7 fr. 50 c.

Annuaire statistique de la France. Quinzième volume, 1892-1893-1894. — 1 volume grand in-8° de 833 pages, broché . . . . 8 fr.

Statistique générale de la France. Statistique annuelle 1890-1891-1892. 1895. 1 volume grand in-8° de 611 pages, broché . . . . 7 fr. 50 c.

Étude statistique des accidents de travail, d'après les rapports officiels sur l'assurance obligatoire en Allemagne et en Autriche. 1 vol. gr. in-8° de 124 pages (*Épuisé*) . . . . 1 fr. 50 c.

Résultats financiers de l'assurance obligatoire contre les accidents de travail en Allemagne et en Autriche. 1 vol. gr. in-8° de 110 p. (*Épuisé*) 1 fr. 50 c.

Résultats statistiques de l'assurance obligatoire contre la maladie en Allemagne. 1 volume grand in-8° de 134 pages . . . . 1 fr. 50 c.

Résultats statistiques de l'assurance contre la maladie en Autriche. 1 volume grand in-8° de 147 pages . . . . 1 fr. 50 c.

Étude sur les derniers résultats des assurances sociales en Allemagne et en Autriche-Hongrie. Iʳᵉ partie : *Accidents.* 1894. 1 volume grand in-8° de 180 pages, broché . . . . 1 fr. 50 c.
— IIᵉ partie : *Maladie, invalidité, vieillesse.* 189. 1 vol. grand in-8° de 229 pages, broché . . . . 2 fr.

Statistique des grèves survenues en France. Années 1890-1891. 1 volume grand in-8° de 123 pages . . . . 1 fr. 50 c.
— Année 1892. 1 volume grand in-8° de 136 pages . . . . 1 fr. 50 c.

Statistique des grèves et des recours à la conciliation et à l'arbitrage. Année 1893. 1 volume grand in-8° de 425 pages, broché . . . . . 3 fr. 50 c.
— Année 1894. 1 volume grand in-8° de 301 pages, broché . . . . . . 3 fr.
— Année 1895. 1 volume grand in-8° de 352 pages, broché . . . . . . 3 fr.

Bulletin de l'Inspection du travail. Publication du Ministère du commerce et de l'industrie, paraissant tous les deux mois, par fascicules in-8° d'étendue variable. — 4ᵉ année. 1896. Prix par an : Paris et départements . . . . 6 fr.
Union postale, port en sus. — Prix du fascicule . . . . 1 fr. 25 c.

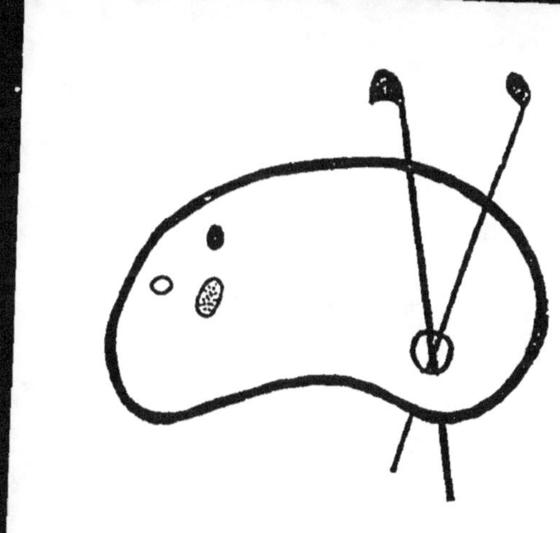

FIN D'UNE SERIE DE DOCUMENTS
EN COULEUR

JOSEPH CHAILLEY-BERT ET ARTHUR FONTAINE

LOIS SOCIALES

RECUEIL DES TEXTES

DE LA LÉGISLATION SOCIALE DE LA FRANCE

PREMIER SUPPLÉMENT

DONNANT LES TEXTES DE 1895

PARIS

BERGER-LEVRAULT ET Cⁱᵉ | LÉON CHAILLEY

ÉDITEURS | ÉDITEUR

5, Rue des Beaux-Arts | 41, rue de Richelieu

1896

LOIS SOCIALES

———●o)※(o●———

LIVRE I, CHAPITRE I, II.

———

1° APPRENTISSAGE

B.-C. Écoles.

DÉCRET

Relatif à l'établissement de cours d'adultes (et d'apprentis) subventionnés
(11 janvier 1895).

(Modifiant les articles 98, 99, 102, 103, 104, 105, du décret du 18 janvier 1887.)

ARTICLE 98. . . . .
ARTICLE 99. — Dans les classes d'adultes ou d'apprentis, l'enseignement peut . . . .
. . . .
comprendre des cours théoriques et pratiques spécialement appropriés aux besoins de la région.
ARTICLES 102 à 105 . . . .

DÉCRET

Sur les conditions dans lesquelles les écoles primaires supérieures ou les cours complémentaires donnant l'enseignement industriel ou commercial devront, pour être entretenus par l'État, être placés sous le régime de la loi du 11 décembre 1880 et du règlement du 17 mars 1888
(25 janvier 1895).

DÉCRET

Sur diverses questions relatives à certaines catégories du personnel des écoles nationales professionnelles
(19 mars 1895).

DÉCRET

Qui modifie l'article 11 du décret du 22 février 1893 sur les écoles pratiques de commerce et d'industrie (Personnel. Nomination)
(25 avril 1895).

———

4° BOURSES DU TRAVAIL

DÉCRET (1)

Portant organisation de la Bourse du travail de Paris
(7 décembre 1895).

Article premier. — La Bourse du travail de Paris, ainsi que ses annexes, a pour objet de faciliter les transactions relatives à la main-d'œuvre, au moyen de bureaux de placement gratuit, de salles d'embauchage publiques, et par la publication de tous renseignements intéressant l'offre et la demande du travail.

Il y est annexé des bureaux mis à la disposition des syndicats ouvriers et des salles pour les réunions corporatives.

Article 2. — Les syndicats professionnels d'ouvriers ou d'employés, légalement constitués et fonctionnant suivant les prescriptions de la loi du 21 mars 1884, sont admis à occuper un local dans la Bourse du travail et peuvent y établir un bureau de placement gratuit pour les membres de leur profession.

Article 3. — Les syndicats adressent leurs demandes d'admission dans les locaux de la Bourse au préfet de la Seine, qui statue sur l'admission en se conformant aux dispositions du règlement général délibéré par le conseil municipal, en vertu de l'article 9 ci-après.

Ces demandes doivent contenir pour les syndicats l'engagement de se conformer aux prescriptions des décrets et règlements qui régissent la Bourse.

Article 4. — Les syndicats admis à la Bourse du travail s'administrent librement et prennent telles dispositions qui leur paraissent utiles pour tout ce qui concerne l'organisation de leurs bureaux, de leurs réunions ou assemblées et de leurs services de placement gratuit.

Article 5. — La salle d'embauchage installée dans les bâtiments de la Bourse du travail est ouverte aux patrons, ouvriers et employés de toute profession, syndiqués ou non. Généralement quiconque aura une demande ou une offre de travail à faire y aura libre accès.

Article 6. — La grande salle de la Bourse sera réservée à des réunions corporatives et professionnelles, ayant pour objet exclusif l'étude et la défense des intérêts professionnels et économiques des ouvriers.

Cette salle peut être affectée également aux cérémonies intéressant le travail.

Article 7. — La ville de Paris a la faculté d'installer à la Bourse un bureau central et permanent de placement gratuit municipal, un bureau de statistique du travail et de publier un annuaire et un bulletin de la Bourse du travail contenant tous renseignements et informations relatifs au travail et au placement des ouvriers.

La ville de Paris pourra également ouvrir à la Bourse une bibliothèque et instituer des cours et conférences.

Ces services seront publics ; les ouvriers, syndiqués ou non, auront libre accès dans les bureaux de statistique et de placement municipal, les salles de bibliothèque, de cours et de conférences.

Article 8. — Les services de la Bourse du travail ouverts au public sont administrés par le préfet de la Seine, conformément aux délibérations du conseil municipal de Paris.

Le préfet nomme à tous les emplois administratifs. Il a la surveillance et la garde de l'établissement. Il assure le payement, le contrôle et la liquidation des dépenses faites sur les crédits inscrits au budget de la ville de Paris. Il veille à l'observation des décrets et règlements qui régissent la Bourse du travail.

---

(1) Le Président de la République française,

Vu la loi du 21 mars 1884 sur les syndicats professionnels ;

.....Vu le décret du 28 décembre 1889, rendu en Conseil d'État, qui a déclaré d'utilité publique l'établissement, à Paris, d'une Bourse du travail, et, notamment, l'article 2 de ce décret, portant qu'il sera statué ultérieurement par le Gouvernement sur l'organisation de ladite Bourse...

ARTICLE 9. — Un règlement général, délibéré par le conseil municipal de Paris, arrêtera, conformément aux dispositions du présent décret, l'administration intérieure de la Bourse et toutes les mesures propres à assurer son bon fonctionnement.

ARTICLE 10. — Il est institué une commission consultative de la Bourse du travail de Paris.

Cette commission est composée de vingt membres : dix membres délégués par les syndicats admis à la Bourse ; six membres du conseil municipal de Paris, nommés par cette assemblée ; deux représentants de la préfecture de la Seine, désignés par le préfet ; deux représentants de l'Office du travail, désignés par le ministre du commerce.

Les membres de cette commission sont nommés pour un an.

La commission peut être dissoute par arrêté du ministre du commerce et de l'industrie.

ARTICLE 11. — La commission consultative de la Bourse donne son avis sur toutes les questions relatives au fonctionnement et à l'administration intérieure de la Bourse qui lui sont soumises par le préfet de la Seine.

Elle peut prendre l'initiative d'émettre des avis qu'elle transmet au préfet de la Seine, qui les communique au conseil municipal :

Sur l'admission et l'exclusion de syndicats ;

Sur la distribution des locaux ;

Sur le roulement à établir pour l'attribution des salles de réunion ;

Sur la publication de l'Annuaire et du Bulletin de la Bourse ;

Sur les plaintes et les réclamations des personnes qui ont accès à la Bourse du travail.

Elle établit chaque année un état des dépenses prévisionnelles de la Bourse du travail pour l'exercice suivant et présente un rapport sur le fonctionnement et la situation matérielle de l'institution.

ARTICLE 12. — Le ministre du commerce, de l'industrie, des postes et des télégraphes est chargé de l'exécution du présent décret, qui sera publié au *Journal officiel* et inséré au *Bulletin des lois*.

LIVRE I, CHAPITRE I, III.

1° JOURS FÉRIÉS

LOI

Modifiant l'article 1033 du Code de procédure civile
(13 avril 1895).

ARTICLE UNIQUE. — L'article 1033, § 5, du Code de procédure civile est remplacé par la disposition suivante :

« Toutes les fois que le dernier jour d'un délai quelconque de procédure, franc ou non, est un jour férié, ce délai sera prorogé jusqu'au lendemain. »

LIVRE I, CHAPITRE I, IV.

———

4° SALAIRES

B. Recours et privilèges.

LOI

Portant modification à l'article 549 du Code de commerce
(8 février 1895).

ARTICLE UNIQUE. — Le dernier alinéa de l'article 549 du Code de commerce est modifié ainsi qu'il suit :

« Le même privilège est accordé aux commis attachés à une ou plusieurs maisons de commerce, sédentaires ou voyageurs, savoir :

« S'il s'agit d'appointements fixes, pour les salaires qui leur sont dus durant les six mois antérieurs à la déclaration de la liquidation judiciaire ou de la faillite :

« Et, s'il s'agit de remises proportionnelles allouées à titre d'appointements ou de suppléments d'appointements, pour toutes les commissions qui leur sont définitivement acquises dans les trois derniers mois précédant le jugement déclaratif, alors même que la cause de ces créances remonterait à une époque antérieure. »

C. Saisie-arrêt.

LOI

Relative à la saisie-arrêt sur les salaires et petits traitements des ouvriers
et employés
(12 janvier 1895).

Voir RECUEIL, page 370.

———

2° LA VIE A BON MARCHÉ

DÉCRET (1)

Réglant la composition du Conseil supérieur des habitations à bon marché
(20 février 1895) (8 octobre 1895).

(Voir dans le RECUEIL, page 366, la loi du 30 novembre 1894, relative aux habitations à bon marché.)

ARTICLE PREMIER. — Le Conseil supérieur des habitations à bon marché, institué

———

(1) Ce décret a été reproduit par l'*Officiel* du 20 octobre 1895 avec la date du 8 octobre 1895.

auprès du ministre du commerce, de l'industrie, des postes et des télégraphes, par l'article 14 de la loi du 30 novembre 1894, se compose de 40 membres, savoir :

Membres nommés par le ministre.

Membres du Sénat.	4
Membres de la Chambre des députés.	6
Membres du Conseil d'État.	2
Personnes spécialement versées dans les questions d'hygiène, de construction et d'économie sociales	5
Membres des sociétés de construction d'habitations à bon marché, des sociétés mutuelles de prévoyance et d'épargne et des syndicats professionnels institués conformément à la loi	5
Membre des comités locaux d'habitations à bon marché.	5
Membre de l'Académie des sciences morales et politiques.	1
Membre de l'Académie des beaux-arts, section d'architecture	1
Membre de l'Académie de médecine	1
Membre de la société française des habitations à bon marché	1
Membre de la ligue nationale de la prévoyance et de la mutualité	1
Membre de la société d'hygiène publique et de médecine professionnelle	1
Membre de l'institut des actuaires français	1

Membres de droit.

Le directeur général de la Caisse des dépôts et consignations	1
Le directeur de la prévoyance et de l'assurance sociales	1
Le directeur de l'assistance et de l'hygiène publiques au ministère de l'intérieur.	1
Le directeur général des contributions directes	1
Le directeur de l'enregistrement et du timbre.	1
Le directeur des affaires civiles et du sceau au ministère de la justice	1
TOTAL.	40

Ce conseil est placé sous la présidence du ministre, qui désigne parmi ses membres deux vice-présidents.

Les secrétaires du conseil supérieur sont nommés par arrêté ministériel.

ARTICLE 2. — Les membres à la désignation du ministre sont nommés pour quatre ans. Un renouvellement par moitié a lieu tous les deux ans. La première série sortante sera désignée par le sort.

Sont remplacés immédiatement les membres du conseil qui perdent la qualité en raison de laquelle ils avaient été nommés.

ARTICLE 3. — Le conseil supérieur s'occupe d'une façon générale de toutes les questions concernant les logements économiques. L'ordre du jour des séances est arrêté par le ministre.

Le conseil peut, avec l'autorisation spéciale du ministre, procéder à des enquêtes et entendre les personnes qu'il jugerait en état de l'éclairer sur les questions qui lui sont soumises.

Il prend connaissance des rapports présentés par les comités locaux en exécution de l'article 14 de la loi du 30 novembre 1894, émet son avis sur les questions qu'ils soulèvent et en donne annuellement le résumé, avec ses observations, dans un rapport d'ensemble adressé au Président de la République.

ARTICLE 4. — Le conseil tient au moins une session dans les trois premiers mois de chaque année.

ARTICLE 5. — Un comité permanent de dix membres, choisis dans le sein du conseil et désignés par le ministre, se réunit sous la présidence de l'un des vice-présidents chaque fois que les besoins du service l'exigent. Il délibère sur les affaires d'importance secondaire et instruit les questions à soumettre au conseil supérieur.

ARTICLE 6. — Le ministre du commerce, de l'industrie, des postes et des télégraphes est chargé de l'exécution du présent décret.

DÉCRET

Portant règlement d'administration publique pour l'exécution de la loi du 30 novembre 1894 relative aux habitations à bon marché

(21 septembre 1895).

Titre Iᵉʳ. — *Des comités locaux.*

Article premier. — Les comités locaux institués par décret du Président de la République et composés suivant les formes prescrites par l'article 4 de la loi du 30 novembre 1894 sont installés par le préfet dans l'arrondissement chef-lieu et par les sous-préfets dans les autres arrondissements.

Article 2. — Dans sa première séance, le comité désigne son président et, s'il y a lieu, un vice-président.

Il nomme aussi soit un secrétaire-trésorier, soit un secrétaire et un trésorier qui peuvent être pris en dehors du comité.

Article 3. — Le comité délibère valablement lorsque la moitié plus un des membres qui le composent sont présents.

Les délibérations sont prises à la majorité absolue des votants.

S'il y a partage, la voix du président est prépondérante.

En cas de vacance provenant de démission ou de décès, il y est pourvu, selon les catégories, par le préfet, dans un délai de trois mois, et par le conseil général, dans la session qui suivra.

Article 4. — Le comité se réunit sur convocation du président quand les besoins l'exigent ou lorsque trois membres le demandent par écrit.

Il doit au moins se réunir une fois par trimestre. A défaut de convocation pendant plus de six mois, le préfet devra convoquer le comité.

Tout membre qui s'abstiendra de se rendre à trois convocations successives, sans motif reconnu légitime par le comité, sera déclaré démissionnaire par le préfet.

Article 5. — Dans le courant de janvier, le comité adresse au ministre du commerce, par l'intermédiaire du préfet, un rapport détaillé sur ses travaux et l'état de sa situation financière, avec les comptes de l'exercice écoulé et le budget de l'exercice courant.

Article 6. — Pour l'exécution des dispositions prévues aux articles 1ᵉʳ et 2 de la loi, le comité pourra, s'il y a lieu, déléguer à une ou plusieurs personnes telle mission spéciale à laquelle ses membres ne seraient pas en mesure de procéder par eux-mêmes.

Article 7. — L'indemnité de déplacement qui pourra être allouée, en vertu de l'article 3 de la loi, aux membres du comité n'habitant pas la localité où se tiendraient les réunions, ne dépassera pas 2 fr. 50 c. par myriamètre parcouru en allant et en revenant.

Article 8. — En cas de démission simultanée de plus de la moitié des membres du comité, le conseil supérieur, saisi par un rapport du préfet au ministre, émettra son avis sur la reconstitution ou la dissolution du comité.

Il en sera de même si, après deux convocations successives, la seconde par lettre recommandée, le comité ne se trouvait pas en nombre pour délibérer, ou s'il commettait des abus graves dans l'exercice de ses fonctions.

La dissolution est prononcée par décret du Président de la République, qui statue sur la dévolution de l'actif, conformément au paragraphe 4 de l'article 2 de la loi.

Titre II. — *Des dispositions que devront contenir les statuts des sociétés de construction et de crédit.*

Article 9. — Les sociétés de construction de maisons à bon marché et les sociétés de crédit qui, ne construisant pas elles-mêmes, ont pour but de faciliter l'achat ou la construction de ces maisons, doivent, pour bénéficier des faveurs de la loi, indiquer dans leurs statuts :

1° Qu'elles ont pour objet exclusif soit de procurer l'acquisition d'habitations salubres et à bon marché à des personnes qui ne sont déjà propriétaires d'aucune maison, soit de mettre en location des habitations de cette nature, soit d'améliorer des habitations déjà existantes ;

2° Que les dividendes sont limités à 4 p. 100 au plus :

3° Que les statuts, ainsi que toute modification qui y serait apportée, doivent être approuvés par le ministre du commerce, sur l'avis du comité permanent du conseil supérieur des habitations à bon marché :

4° Que, dans les six mois qui suivent la clôture de chaque exercice, le compte rendu de l'assemblée générale de la société, accompagné du bilan, sera adressé, par l'intermédiaire du préfet, au ministre du commerce pour être soumis au comité permanent ;

5° Que lors de l'expiration de la société, ou en cas de dissolution anticipée, l'assemblée générale appelée à statuer sur la liquidation ne pourra attribuer l'actif qui resterait, après payement du passif et remboursement du capital-actions versé, qu'à une société constituée conformément aux prescriptions de la loi du 30 novembre 1894, la délibération dont il s'agit devant être approuvée par le ministre, sur l'avis du conseil supérieur.

TITRE III. — *Détermination du cinquième du patrimoine des bureaux de bienfaisance, hospices et hôpitaux.*

ARTICLE 10. — Le cinquième du patrimoine des établissements de bienfaisance qui pourra être employé, conformément aux dispositions du paragraphe 1er de l'article 6 de la loi, devra être calculé d'après le cours de la Bourse, pour les valeurs mobilières et, pour les immeubles, d'après l'évaluation qui en sera faite par un expert nommé par le préfet.

Les immeubles affectés aux services d'assistance ne seront pas compris dans cette évaluation et n'entreront pas en ligne de compte.

Les biens mobiliers ou immobiliers provenant de fondations et grevés d'une charge spéciale n'entreront en ligne de compte que sous déduction de la somme nécessaire pour faire face à ces charges.

En aucun cas la somme dont les bureaux de bienfaisance, hospices et hôpitaux pourront ainsi disposer ne dépassera le montant de leur fortune mobilière.

TITRE IV. — *Des assurances temporaires en cas de décès.*

ARTICLE 11. — L'acquéreur, le locataire avec promesse de vente, ou le constructeur d'une maison à bon marché, qui veut garantir par une assurance le payement des annuités d'amortissement restant à échoir au moment de son décès, adresse une proposition au directeur général de la Caisse des dépôts et consignations.

Le montant de l'assurance ne pourra dépasser :

Pour les immeubles situés dans une commune de 1,000 habitants et au-dessous. 2,300
De 1,001 à 5,000 habitants 3,900
De 5,001 à 30,000 habitants. 4,400
De 30,001 à 200,000 habitants, ou dans une des communes situées dans un rayon de 40 kilomètres autour de Paris. 5,700
Dans une commune de 200,001 habitants et au-dessus 7,700
A Paris. 9,700

Les propositions d'assurances peuvent être transmises soit par les comités des habitations à bon marché, soit par les sociétés de construction ou de crédit. Ces comités ou sociétés pourront également servir d'intermédiaire entre les assurés et la caisse d'assurance pour toutes les opérations ultérieures.

ARTICLE 12. — Les propositions d'assurances, les polices définitives et les versements de primes sont reçus à la direction générale de la Caisse des dépôts et consignations, à Paris ; chez les trésoriers-payeurs généraux et les receveurs particuliers des finances, dans les départements ; chez les trésoriers-payeurs et les payeurs particuliers, en Algérie.

Les propositions d'assurances sont également reçues par les percepteurs des contributions directes.

Sur la demande faite par l'assuré au directeur général de la Caisse des dépôts et consignations, les percepteurs peuvent être autorisés à recevoir les polices définitives et à encaisser les primes.

Article 13. — Le proposant produit à l'appui de sa demande : ·

1° Un extrait de son acte de naissance ;

2° L'engagement de répondre aux questions et de se soumettre aux constatations médicales qui seront prescrites par les polices ;

3° Une déclaration affirmant qu'il ne possède aucune autre maison et que celle en vue de laquelle il veut contracter une assurance rentre dans les limites prévues à l'article 5 de la loi ;

4° Le contrat d'acquisition ou de prêt passé soit avec une société de construction ou de crédit, soit avec un particulier.

Le contrat d'acquisition ou de prêt devra indiquer le nombre, les dates d'échéance et le montant des annuités d'amortissement dont l'assurance devra garantir le payement en cas de décès, ainsi que le taux de l'intérêt.

La proposition est datée et signée par le proposant, ou revêtue par le préposé de la Caisse des dépôts et consignations d'une mention énonçant que le proposant ne sait ou ne peut signer.

Article 14. — La proposition d'assurance, accompagnée des pièces produites à l'appui, est transmise, sans délai, par le préposé qui l'a reçue, à la direction générale de la Caisse des dépôts et consignations. Après les vérifications nécessaires, le proposant reçoit avis du montant de la prime unique ou des primes annuelles au moyen desquelles il pourra garantir le payement des annuités d'amortissement mentionnées dans le contrat et l'autorisation de se présenter chez le médecin qui devra procéder à l'examen médical.

Avis de cette autorisation est donné en même temps au médecin.

Article 15. — Dans chaque canton où des habitations à bon marché seront construites, il sera désigné, par le préfet, un ou plusieurs médecins visiteurs assermentés et chargés d'examiner les proposants.

Leur serment sera reçu soit par le préfet ou le sous-préfet, soit par le juge de paix du canton où résidera le médecin.

Le tarif de la visite médicale sera fixé par un arrêté du préfet du département.

Article 16. — Le proposant, s'il n'est pas personnellement connu du médecin visiteur, doit se présenter chez celui-ci, assisté d'un délégué de la société de construction ou de crédit, ou de deux témoins imposés au rôle des contributions directes de la commune, qui attesteront l'identité du proposant sur le questionnaire destiné à recevoir les résultats de l'examen du médecin.

Article 17. — Après que les témoins se sont retirés, le médecin visiteur adresse au proposant les questions contenues dans la première partie du questionnaire et il y consigne les réponses qui lui sont faites ; il fait signer cette première partie par le proposant après lui en avoir donné connaissance. Si ce dernier ne peut ou ne sait signer, le médecin en fait mention. Il procède ensuite à l'examen médical, inscrit le résultat de ses observations dans la seconde partie du questionnaire, signe et adresse le tout au directeur général de la Caisse des dépôts et consignations.

Article 18. — Le directeur général de la Caisse des dépôts et consignations décide s'il y a lieu de refuser l'assurance ou de l'accepter.

Dans le premier cas, il informe le proposant de son refus, qui ne doit jamais être motivé.

Dans le second cas, il transmet au comptable qui a reçu la proposition d'assurance la police définitive en double expédition et un extrait de cette police qui servira au payement des primes.

Article 19. — La police d'assurance énonce les nom, prénoms, profession et domicile de l'assuré ainsi que le lieu et la date de sa naissance.

Elle mentionne la durée de l'assurance, la prime unique ou les primes annuelles que l'assuré devra payer aux dates fixées par le contrat, et le montant, après chaque échéance d'amortissement, de la somme que la caisse aurait à payer en cas de décès de l'assuré.

Elle indique que l'assurance doit profiter soit aux ayants droit de l'assuré, soit à un bénéficiaire désigné.

Enfin, elle porte l'engagement réciproque pris par l'assuré d'acquitter les primes aux dates convenues, et, par la caisse d'assurance en cas de décès, représentée par le directeur général de la Caisse des dépôts et consignations, d'effectuer le payement des sommes assurées en se conformant, de part et d'autre, aux conditions particulières du contrat et aux conditions générales imprimées dans la police.

Les deux expéditions de la police sont signées par l'assuré, qui devra faire élection de domicile à Paris.

Si l'assuré ne peut ou ne sait signer, il en est fait mention sur les deux expéditions de la police par le préposé de la Caisse des dépôts et consignations.

Si un bénéficiaire est désigné, il peut donner son acceptation, au moment de la signature de la police, en inscrivant sur les deux expéditions de cet acte la mention : « Vu et accepté, le bénéficiaire », suivie de sa signature.

Le contrat d'assurance produit son effet à partir du payement de la première prime ou de la prime unique, suivi de la signature de la police par l'assuré ou par son mandataire spécial, alors même que l'assuré viendrait à décéder dans les deux ans du contrat.

Article 20. — L'assurance peut être contractée soit au moyen d'une prime unique, soit au moyen de primes annuelles décroissantes, proportionnelles au risque de chaque année, soit au moyen de primes annuelles constantes à payer pendant une partie de l'assurance et dont le montant ne devra pas être inférieur au risque de la première année. Dans tous les cas, l'échéance des primes devra être fixée de manière à ne reporter le payement d'aucune d'elles après l'âge de soixante-cinq ans.

Article 21. — Les primes annuelles autres que la première sont acquittées, chaque année, à l'échéance fixée dans la police.

Article 22. — A toute époque l'assuré peut convertir ses primes annuelles décroissantes ou constantes en une prime unique.

Il peut également convertir ses primes annuelles décroissantes en primes constantes, dont le montant ne devra pas être inférieur au risque de l'année dans laquelle aura lieu la modification du contrat.

Ces modifications sont constatées par un avenant à la police d'assurance.

Article 23. — Dans l'application des tarifs, la prime est fixée d'après l'âge de l'assuré à l'échéance de la prime. L'assuré est considéré comme ayant à cette échéance son année d'âge accomplie plus une demi-année.

Article 24. — Les primes peuvent être acquittées par les sociétés de construction ou de crédit bénéficiaires de l'assurance et par toute personne munie de l'extrait de la police remis à l'assuré en vue du payement des primes.

La société ou le mandataire verbal qui effectue simultanément des versements de primes ultérieures pour le compte de plusieurs assurés produit un bordereau nominatif donnant le détail des primes versées.

Article 25. — Le versement de chaque prime, effectué soit à la Caisse des dépôts et consignations, soit chez les trésoriers-payeurs généraux et les receveurs particuliers, en France, soit chez les trésoriers-payeurs et payeurs particuliers, en Algérie, est constaté par un récépissé à talon délivré par le comptable qui reçoit le versement.

Article 26. — Lorsque le versement doit être effectué entre les mains d'un percepteur autorisé à cet effet, conformément à l'article 12 ci-dessus, le directeur général de la Caisse des dépôts et consignations transmet un titre de perception à ce comptable.

Le percepteur ne peut faire aucun encaissement de prime sans être nanti de ce titre de perception.

Le versement de chaque prime effectué dans ces conditions est constaté par une quittance extraite du journal à souche.

Article 27. — Le payement des primes peut également être opéré à la Caisse des dépôts et consignations, au moyen de mandats-poste transmis par les intéressés. Il en est délivré un récépissé à talon.

Article 28. — A défaut de payement d'une prime annuelle dans les 30 jours, il est dû des intérêts de retard au taux de 4 p. 100 à partir de l'échéance.

Article 29. — Si la prime n'est pas acquittée dans les trois mois qui suivent l'échéance, le contrat est résolu de plein droit quinze jours après une mise en demeure restée sans effet.

Dans ce cas, lorsque l'assurance a été contractée au moyen de primes annuelles constantes, les versements effectués, déduction faite de la part afférente aux risques courus, sont ramenés à une prime unique garantissant le payement d'une somme dont le montant est calculé d'après les bases du tarif en vigueur à la date de la signature du contrat primitif, et pour la période de temps restant à courir.

ARTICLE 30. — Toute réticence, toute fausse déclaration de la part de l'assuré, soit dans la proposition d'assurance, soit dans les réponses faites au médecin visiteur et qui seraient de nature à atténuer l'importance du risque ou à tromper sur l'identité de l'assuré, entraînent l'annulation de l'assurance, sans préjudice des poursuites qui pourraient être exercées conformément aux lois pénales.

Dans le cas où l'assurance est annulée pour les motifs énoncés dans le paragraphe précédent, la portion des primes versées afférente aux risques postérieurs à la date d'annulation du contrat est remboursée sans intérêts à l'assuré en présence du bénéficiaire de l'assurance, s'il y a lieu.

ARTICLE 31. — En cas de résiliation du contrat de vente ou de libération anticipée des annuités souscrites, l'assuré peut obtenir la résiliation de son assurance et le payement d'une somme égale à la valeur de la portion des primes antérieurement payées qui étaient afférentes aux risques postérieurs à la date de la résiliation.

Ce payement est effectué sur la quittance collective de l'assuré et, s'il y a un bénéficiaire désigné, du bénéficiaire de l'assurance ou de ses ayants droit.

ARTICLE 32. — En cas de décès de l'assuré, les annuités restant à échoir sont payées à ses ayants droit ou au bénéficiaire désigné, sur la production du double de la police, de l'acte de décès de l'assuré et d'un certificat de médecin constatant le genre de maladie ou d'accident auquel l'assuré aura succombé.

Outre les pièces énumérées au paragraphe précédent, les ayants droit de l'assuré ont à produire un certificat de propriété délivré dans les formes et suivant les règles prescrites par l'article 6 de la loi du 28 floréal an VII.

ARTICLE 33. — Dans le cas où le décès de l'assuré résulte de suicide, de duel ou de condamnation judiciaire, l'assurance demeure sans effet, et les primes versées, augmentées des intérêts simples calculés au taux du tarif, sont remboursées aux ayants droit dans les conditions indiquées à l'article précédent.

ARTICLE 34. — Les sommes dues par la caisse d'assurance sont payables : à Paris, à la Caisse des dépôts et consignations ; dans les départements, chez les trésoriers-payeurs généraux et receveurs particuliers des finances ; en Algérie, chez les trésoriers-payeurs et payeurs particuliers.

Le payement a lieu sur une autorisation donnée par le directeur général de la Caisse des dépôts et consignations, à qui la demande doit être adressée soit directement, soit par l'intermédiaire des préposés et agents désignés à l'article 12 ci-dessus.

ARTICLE 35. — Les cessions ou transports de tout ou partie du capital assuré, consentis par l'assuré ou le bénéficiaire, en vertu de l'article 7, paragraphe 4, de la loi du 30 novembre 1894, ne pourront être faits que par acte notarié.

Les actes de cession ou transport, ou tous autres actes ayant pour objet de mettre opposition au payement des sommes assurées, doivent être signifiés au directeur général de la Caisse des dépôts et consignations, à Paris.

ARTICLE 36. — La cession du bénéfice de la police d'assurance ne pourra être faite qu'au profit de la société de construction et de crédit, lorsque cette clause sera insérée dans l'article de promesse de vente joint à la proposition d'assurance en vertu de l'article 13 ci-dessus.

ARTICLE 37. — Les registres matricules et les comptes individuels des assurés sont tenus à la direction générale de la Caisse des dépôts et consignations, qui conserve le double des polices d'assurances et les pièces produites à l'appui, soit des propositions, soit des polices.

TITRE V. — *De l'indivision ou de l'attribution des maisons à bon marché.*

ARTICLE 38. — Lorsqu'une maison individuelle, construite dans les conditions édictées par la loi du 30 novembre 1894, figure dans une succession et que cette maison est occupée, au moment du décès de l'acquéreur ou du constructeur, par le défunt, son conjoint, ou l'un de ses enfants, il est pourvu à l'exécution de l'article 8 de la loi conformément aux dispositions ci-après, sous l'autorité du juge de paix du lieu de l'ouverture de la succession.

ARTICLE 39. — Le conjoint survivant ou l'héritier qui veut faire prononcer le maintien de l'indivision, ou l'attribution de la maison à son profit, en forme la demande par voie de déclaration au greffe de la justice de paix.

La déclaration doit contenir :

1° Les nom, prénoms, profession et domicile du requérant et la qualité en laquelle il agit ;

2° Les nom, prénoms, profession et domicile du conjoint survivant et de chacun des héritiers ou successeurs, à titre universel, ainsi que de leurs représentants légaux.

Elle est signée par le requérant et contresignée par le greffier.

Il est joint un extrait du rôle de la contribution foncière ou un certificat du directeur des contributions directes attestant que la valeur locative de la maison ne dépasse pas les maxima déterminés par l'article 50 ci-après.

Le requérant doit, en outre, consigner somme suffisante pour couvrir les frais immédiats de procédure. Le juge de paix en détermine, s'il y a lieu, le montant.

ARTICLE 40. — Lorsque le défunt aura laissé des héritiers mineurs ayant, au moment du décès, leur domicile dans le canton où la succession est ouverte, le conseil de famille, réuni comme il est dit à l'article 406 du Code civil, sera invité par le juge de paix à donner son avis sur le maintien de l'indivision, si ce maintien est demandé et si l'attribution de la maison n'est pas réclamée.

Si tous les intéressés sont présents, il pourra être procédé immédiatement et sans convocation spéciale de la façon prescrite par les articles 44 et suivants du présent règlement.

ARTICLE 41. — Lorsque la succession s'ouvrira dans un canton autre que celui où les héritiers mineurs ont leur domicile, le juge de paix du lieu de l'ouverture de la succession transmettra au juge de paix du lieu où la tutelle s'est ouverte, ainsi qu'au tuteur s'il y en a un, copie de la déclaration à l'effet d'appeler le conseil de famille à en délibérer.

ARTICLE 42. — Le juge de paix saisi de la demande convoque tous les intéressés, ou leurs représentants, par lettres recommandées expédiées par le greffier.

L'avis de réception de la poste est joint au dossier de l'affaire.

Les délais et formes de la comparution sont fixés conformément aux articles 411 et 412 du Code civil.

ARTICLE 43. — Si l'un des intéressés est sans domicile ni résidence connus, le juge de paix, à la requête de la partie la plus diligente, lui nomme un mandataire spécial, à moins que le tribunal, en vertu de l'article 113 du Code civil, n'ait déjà commis un notaire pour le représenter.

ARTICLE 44. — Au jour fixé, si toutes les parties sont d'avis de maintenir l'indivision pour un temps déterminé, il leur en est donné acte par le juge de paix. Le pacte d'indivision ainsi conclu est définitif, même au regard des mineurs et interdits, sans qu'il soit besoin d'homologation.

En cas de désaccord, le juge de paix statue, d'après les circonstances, en vue du plus grand intérêt de la famille, et, s'il y a lieu, prononce le maintien de l'indivision dans les limites fixées par la loi, à moins que l'attribution de la maison ne soit demandée par quelqu'un des héritiers ou le conjoint survivant.

ARTICLE 45. — S'il n'y a pas de contestation sur la valeur de l'immeuble et que toutes les parties soient présentes ou dûment averties, conformément à l'article 42 ci-dessus, majeures et maîtresses de leurs droits, le juge de paix prononce l'attribution à celle des parties qui l'a demandée.

Lorsqu'elle est requise par plusieurs ayants droit, le juge de paix vérifie s'il existe au profit de l'un d'eux une cause légale de préférence et, le cas échéant, prononce l'attribution soit à celui que le défunt a désigné, soit à l'époux survivant s'il est copropriétaire au moins pour moitié.

Toutes choses égales, il met aux voix la désignation de l'attributaire, les héritiers qui viennent par représentation d'une même personne n'ayant droit ensemble qu'à un seul suffrage.

A défaut de majorité, il procède, séance tenante, au tirage au sort.

Il est sur-le-champ dressé procès-verbal de l'attribution, ainsi que des conventions relatives au payement des soultes et autres conditions accessoires.

ARTICLE 46. — S'il y a contestation sur la valeur de la maison, le juge de paix constate en son procès-verbal le désaccord des parties, sursoit à l'attribution et requiert le comité des habitations à bon marché dans la circonscription duquel est situé l'immeuble d'en faire l'estimation et de lui en adresser le rapport détaillé.

Il en est de même si quelqu'un des intéressés n'a pas reçu la convocation du juge de paix prévue par l'article 42 ci-dessus, ou s'il y a parmi eux des mineurs ou des interdits.

Au cas où il n'existe pas de comité dans le département, l'estimation est faite par un expert nommé par le juge de paix, au besoin par commission rogatoire.

ARTICLE 47. — Sur le dépôt du rapport, les parties sont invitées à en prendre connaissance au greffe dans le délai de trente jours, puis convoquées à nouveau devant le juge de paix, le tout dans les formes prescrites à l'article 42 ci-dessus.

À défaut de conciliation, il fixe lui-même, d'après tous les éléments de la cause, le prix de la maison et procède, comme il est dit à l'article 45 ci-dessus, à son attribution.

ARTICLE 48. — Toutes décisions du juge de paix rendues par défaut sont notifiées aux parties défaillantes, sous pli recommandé, de la façon prescrite à l'article 42 ci-dessus.

L'opposition est recevable dans les huit jours de la réception de la lettre.

ARTICLE 49. — Il est alloué :

§ 1er. — Aux greffiers des justices de paix, frais et déboursés non compris :

1° Par chaque envoi de lettres recommandées	0ᶠ 50
2° Pour la déclaration faite au greffe, tendant au maintien de l'indivision ou à l'attribution de l'immeuble.	1 50
3° Pour copie de ladite déclaration	1 »
4° Pour la rédaction du procès-verbal d'indivision ou d'attribution de l'immeuble.	1 50
5° Pour dépôt du rapport à fin d'estimation de l'immeuble.	1 50
6° Pour recherche et communication sans déplacement dudit rapport . . .	0 50
7° Pour chaque copie de jugement	1 »

§ 2. — Aux experts chargés de l'estimation de l'immeuble :

1° Par vacation de trois heures, lorsqu'ils opéreront dans le canton où ils sont domiciliés, ou même hors du canton, mais dans la distance de 2 myriamètres.	5 »
2° Au delà de 2 myriamètres, en dehors du canton, il sera alloué pour frais de voyage et de nourriture, soit pour l'aller, soit pour le retour, par chaque myriamètre.	2 50
3° Pour la prestation de serment et pour le dépôt du rapport, indépendamment du transport au chef-lieu de canton dans le cas où il serait dû aux termes des dispositions qui précèdent	2 »

TITRE VI. — *Des immunités fiscales.*

ARTICLE 50. — Les immunités et atténuations d'impôts accordées par la loi sont exclusivement applicables aux maisons dont le revenu net imposable à la contribution foncière n'excédera pas les limites fixées par l'article 5 de la loi, c'est-à-dire dont la valeur locative augmentée des charges incombant au propriétaire et mises, par le bail, au compte du locataire, ne comportera pas, pour l'intégralité de ces maisons, ou pour chacun des logements les composant et destinés à être loués séparément, des chiffres supérieurs à ceux indiqués ci-dessous pour chaque catégorie de communes :

Dans les communes de 1,000 habitants et au-dessous.			132
—	1,001	— à 5,000.	220
—	5,001	— à 30,000	250
—	30,001	— à 200,000 et dans celles qui sont situées dans un rayon de 40 kilomètres autour de Paris.	323
Dans les communes de 200,001 habitants et au-dessus			440
À Paris			550

Article 51. — Pour l'application de la disposition qui précède, les catégories de communes sont déterminées d'après le chiffre de la population municipale totale, résultant du dernier dénombrement de la population.

Article 52. — Lorsque, à la suite d'un nouveau dénombrement, une commune passe dans une catégorie inférieure à celle dont elle faisait précédemment partie, les maisons reconnues exemptes de l'impôt, ou ayant fait l'objet d'une demande d'exemption avant le 1er janvier de l'année à partir de laquelle les résultats du nouveau dénombrement doivent être appliqués en matières de contributions directes, conservent leur droit à l'exemption, même si leur valeur locative est supérieure au maximum prévu à l'article 50 ci-dessus pour la catégorie dans laquelle la commune se trouve actuellement rangée.

Au cas de passage d'une commune dans une catégorie supérieure, le nouveau maximum ne devient également applicable qu'aux maisons construites postérieurement au 1er janvier de l'année pour laquelle les résultats du nouveau dénombrement reçoivent leur première application dans les rôles des contributions directes.

Les mêmes règles sont suivies dans le cas de réunion ou de division des communes.

Article 53. — Pour déterminer les communes situées dans un rayon de 40 kilomètres autour de Paris, on prendra la distance à vol d'oiseau qui sépare la mairie de la commune du point le plus rapproché de l'enceinte fortifiée de Paris.

Article 54. — Les modifications apportées à la valeur locative des maisons, à la suite d'une nouvelle évaluation des propriétés bâties, n'auront, en aucun cas, pour effet de faire cesser avant leur terme les immunités précédemment accordées, ni de créer des droits à l'exemption en faveur de maisons précédemment construites.

Article 55. — La demande d'exonération temporaire exigée par l'article 9 de la loi doit contenir la déclaration que la maison qui en fait l'objet est destinée à être occupée par une personne n'étant propriétaire d'aucune maison.

Article 56. — L'exemption comprend à la fois le principal de l'impôt et les centimes additionnels de toute nature. Elle ne peut, dans aucun cas, être étendue au sol des maisons ni aux cours ou jardins qui en dépendent.

Article 57. — Les immeubles admis à jouir du bénéfice de la loi et qui viennent à être transformés ou agrandis sont considérés comme ayant acquis une valeur sensiblement supérieure au maximum légal quand leur nouvelle valeur locative dépasse de plus d'un dixième les maxima fixés à l'article 50 ci-dessus.

L'exemption d'impôt dont ils bénéficiaient cesse à partir du 1er janvier de l'année qui suit celle pendant laquelle les transformations ou agrandissements ont été opérés ; les impositions sont établies, s'il y a lieu, par voie de rôles particuliers.

Article 58. — Les immunités fiscales prévues aux articles 9 et 10 de la loi ne peuvent être revendiquées que pour les maisons dont la construction a été entreprise postérieurement à sa promulgation.

A titre exceptionnel, les demandes d'exemption qui n'auraient pas été faites dans les délais fixés par l'article 9 de la loi seront recevables dans les six mois qui suivront la promulgation du présent règlement.

Article 59. — Le ministre du commerce, de l'industrie, des postes et des télégraphes, le garde des sceaux, ministre de la justice, le ministre de l'intérieur et le ministre des finances sont chargés, chacun en ce qui le concerne, de l'exécution du présent décret, qui sera inséré au *Bulletin des lois* et publié au *Journal officiel* de la République française.

3° RÉCOMPENSES HONORIFIQUES

DÉCRET

Instituant des médailles d'honneur pour les ouvriers et employés français qui comptent plus de 30 années de services consécutifs dans le même établissement industriel ou commercial

(16 juillet 1886).

DÉCRETS

Étendant l'application du précédent

1° Aux ouvriers employés dans les établissements d'enseignement technique publics ou privés

(13 juillet 1889).

2° Aux ouvriers employés dans les palais nationaux et dans les manufactures de l'État

(13 août 1889).

DÉCRET

Relatif à l'application du décret du 16 juillet 1886 qui a institué des médailles d'honneur pour les ouvriers et employés
(Services exceptionnels avant 30 ans de présence dans la même maison)

(12 février 1895).

LIVRE I, CHAPITRE III, III, B.

3° HYGIÈNE ET SÉCURITÉ DES TRAVAILLEURS DANS LES CHEMINS DE FER

DÉCRET (1)

Réorganisant le service du contrôle des chemins de fer d'intérêt général
(30 mai 1895).

ARTICLE PREMIER. — La direction du contrôle de l'exploitation de chaque grand réseau d'intérêt général est confiée à un inspecteur général des ponts et chaussées ou des mines en résidence à Paris.

Sauf décision contraire du ministre, l'inspection des études et travaux des lignes nouvelles exécutées par l'État et celle des services de contrôle des études et travaux de chemins de fer exécutés par les compagnies sont confiées au directeur du contrôle de chaque réseau.

Les réseaux secondaires d'intérêt général sont rattachés aux grands réseaux au point de vue du contrôle de l'exploitation et de l'inspection des travaux neufs.

ARTICLE 2. — . . . .

ARTICLE 3. — . . . .

ARTICLE 4. — . . . .

ARTICLE 5. — Chaque direction du contrôle comprend les services ci-après :

1° Contrôle de la voie et des bâtiments sur les lignes en exploitation ;

2° Contrôle de l'exploitation technique ;

3° Contrôle de l'exploitation commerciale ;

4° S'il y a lieu, inspection et contrôle des études et travaux des lignes nouvelles.

ARTICLE 6. — Le contrôle de la voie et des bâtiments comprend :. . . . .

ARTICLE 7. — Le contrôle de l'exploitation technique comprend la surveillance du matériel, de la traction, du mouvement, des ateliers, la vérification de la comptabilité de ces services et la surveillance de l'exécution des prescriptions réglementant le travail des agents.

---

(1) Ce décret abroge l'arrêté ministériel du 20 mai 1893.

A ce service sont affectés, sous les ordres de l'inspecteur général :

1° Un ingénieur en chef des mines ou, à défaut, un ingénieur en chef des ponts et chaussées, chef de service ;

2° Des ingénieurs ordinaires et des contrôleurs des mines, ou, à leur défaut, des ingénieurs ou des conducteurs des ponts et chaussées et des commis des ponts et chaussées ou des mines ;

3° Des contrôleurs comptables ;

4° Des contrôleurs du travail.

Article 8. — Le contrôle de l'exploitation commerciale comprend. . . . .

Article 9. — Le contrôle des études et travaux des lignes nouvelles exécutées par chaque compagnie est confié. . . . .

Article 10. — Le contrôle de l'établissement et de l'exploitation des voies ferrées établies sur les quais des ports maritimes ou des voies navigables est confié . . . . .

Article 11. — Des commissaires de surveillance administrative sont placés dans les principales gares, sous l'autorité de tous les ingénieurs, contrôleurs généraux et inspecteurs chargés des différents services.

Article 12. — Les inspecteurs particuliers de l'exploitation commerciale. . . . . .

Article 13. — Les contrôleurs comptables . . . .

Article 14. — . . . .

Article 15. — Les contrôleurs du travail sont spécialement chargés de surveiller l'exécution des prescriptions réglementaires sur le travail des agents des compagnies, la conduite et la marche des trains, et notamment de vérifier les roulements des mécaniciens et chauffeurs et les bulletins de traction.

Ils ne peuvent en aucun cas être affectés à un service étranger à leur service particulier.

Ils sont recrutés, à la suite d'un concours dont les programmes et les conditions sont arrêtés par le ministre des travaux publics, parmi les chefs de dépôt, sous-chef de dépôt et mécaniciens conducteurs de trains d'un réseau de chemin de fer ayant exercé ces fonctions pendant quinze ans au moins et ayant des droits acquis à une pension de retraite d'une administration de chemins de fer.

Les candidats ne sont admis à concourir qu'après avoir été agréés par le ministre, qui examine leurs états de services et leurs antécédents.

Les contrôleurs du travail sont divisés en trois classes et reçoivent des traitements fixés ainsi qu'il suit :

1re classe	3,600
2e classe	3,200
3e classe	3,000

Ils ne peuvent passer à une classe supérieure qu'après trois années de services dans la classe inférieure.

Ils sont nommés et promus par le ministre.

Ils sont soumis, au point de vue disciplinaire, aux mêmes règles que les conducteurs des ponts et chaussées.

Ils ne peuvent être maintenus en fonctions après l'âge de soixante-cinq ans révolus.

Article 16. — Le directeur du contrôle réunit en comité de réseau. . . . .

Article 17. — Les cadres du personnel des différents services. . . . .

Article 18. — Aucun fonctionnaire ou agent attaché au service du contrôle d'une compagnie ne peut être autorisé à entrer dans cette compagnie s'il n'a cessé de la contrôler depuis cinq ans au moins.

Aucun fonctionnaire ou agent ne peut être attaché au service du contrôle d'une compagnie dans laquelle il a servi s'il n'a cessé d'appartenir à cette compagnie depuis cinq ans au moins.

Article 19. — Le présent décret n'est pas applicable aux chemins de fer algériens, aux chemins de fer de la Corse, ni aux chemins de fer établis dans l'intérieur de Paris, pour lesquels le ministre des travaux publics organise le contrôle par un arrêté spécial.

Article 20. — Sont abrogées toutes les dispositions antérieures qui seraient contraires au présent décret.

Article 21. — Le ministre des travaux publics est chargé. . . . .

4° HYGIÈNE ET SÉCURITÉ DES TRAVAILLEURS DANS LES ÉTABLISSEMENTS PARTICULIÈREMENT DANGEREUX

Réglementés en vertu de l'article 2, § 2, de la loi du 13 juin 1893.
(Voir RECUEIL, p. 96.)

DÉCRET

Réglementant l'industrie du phosphore
(19 juillet 1895).

ARTICLE PREMIER. — Dans les dix jours qui suivront la promulgation du présent décret, tous les détenteurs de phosphore seront tenus de faire connaître à la régie les quantités de cette matière qu'ils auront en leur possession.

ARTICLE 2. — Dans le même délai, les fabricants de phosphore doivent faire à la régie la déclaration de leur industrie. Cette déclaration doit présenter la description de la fabrique. Elle doit indiquer également le régime de l'usine, quant aux jours et heures de travail. Une déclaration identique doit être faite par tout fabricant nouveau, un mois avant le commencement des travaux de fabrication.

ARTICLE 3. — Tout changement dans les jours et heures de travail doit faire l'objet, quarante-huit heures d'avance, d'une déclaration à la recette buraliste. Doivent faire une déclaration dans le même délai les industriels qui veulent cesser, suspendre ou reprendre leurs travaux.

ARTICLE 4. — L'administration peut exiger que deux chaises et une table avec tiroir fermant à clef soient mises à la disposition des employés dans un local convenable dépendant de l'usine.

Le prix de location de ces meubles et du local est fixé de gré à gré et, à défaut de fixation amiable, réglé par le conseil de préfecture.

ARTICLE 5. — Il est interdit au fabricant de procéder au moulage du phosphore dans des ateliers autres que ceux désignés dans la déclaration spécifiée à l'article 2 ci-dessus.

ARTICLE 6. — Il est également interdit d'emmagasiner le phosphore achevé — phosphore ordinaire ou phosphore amorphe — dans des locaux autres que ceux indiqués dans la déclaration précitée.

ARTICLE 7. — Les bâches dans lesquelles sont réunis les appareils condensateurs de chaque four reçoivent un numéro d'ordre.

Les appareils de purification sont également numérotés.

ARTICLE 8. — Le phosphore ordinaire et le phosphore amorphe, aussitôt achevés, seront mis dans des boîtes ou flacons fermés, lesquels seront immédiatement placés dans des caisses revêtues d'un numéro de série.

Les déchets de moulage doivent être placés au fur et à mesure dans une partie de l'atelier affectée à cet usage. Tous ces déchets seront transportés, à la fin de la journée, hors dudit atelier, à la refonte, après pesage et inscription sur le registre du fabricant.

ARTICLE 9. — Le fabricant de phosphore est tenu d'inscrire sur un registre spécial, sans interruption ni lacune, sans rature ni surcharge et au fur et à mesure des opérations :

1° Les quantités de phosphore brut extraites des condensateurs et transportées aux ateliers de purification.

2° Les quantités de phosphore épuré transportées, soit à l'atelier de moulage, soit à l'atelier de fabrication du phosphore amorphe, soit aux ateliers où l'on prépare les produits dérivés du phosphore.

Cette inscription comprend : le numéro de la bâche d'où est extrait le phosphore, le numéro de l'appareil de purification, le nombre des bassines servant à transporter le phosphore, la tare desdites bassines et le poids du phosphore brut ou purifié qu'elles contiennent.

ARTICLE 10. — Sur un deuxième registre également mis par l'Administration à la disposition du fabricant, celui-ci inscrira, à la fin de chaque journée : 1° les quantités de phosphore ordinaire moulé mises en caisses et transportées aussitôt au magasin ; 2° les quantités de phosphore amorphe également mises en caisses et transportées aussitôt au magasin.

Aux ateliers de moulage et de phosphore amorphe, un agent du fabricant sera chargé de tenir un carnet sur lequel il inscrira au fur et à mesure les quantités de phosphore mises en caisses.

Les inscriptions de ce carnet seront récapitulées à la fin de la journée par le fabricant qui inscrira sur son registre, outre les quantités totales mises en caisses, les poids et numéros de chacune des caisses.

ARTICLE 11. — Toute quantité de phosphore trouvée en dehors des ateliers ou des magasins affectés à sa fabrication, à son dépôt ou à sa transformation, sera saisie par procès-verbal.

ARTICLE 12. — Les quantités de phosphore fabriqué — ordinaire ou amorphe — existant dans les magasins lors de la mise à exécution du présent décret et celles introduites postérieurement sont vérifiées par les employés, qui prennent en charge à un compte de magasin. A ce compte sont également prises en charge les quantités expédiées soit à l'exportation, soit à la consommation intérieure et qui seraient réintroduites dans l'usine.

Sont portées en décharge à ce compte les quantités sorties de l'usine en vertu d'expéditions régulières.

L'Administration pourra accorder décharge des quantités de phosphore altérées qui devraient être remises en œuvre.

ARTICLE 13. — Les employés peuvent arrêter à toute époque la situation du compte de magasin des produits fabriqués.

Si la vérification opérée contradictoirement fait ressortir soit un excédent, soit un manquant, l'excédent est saisi et ajouté aux charges, et il est, dans l'un et l'autre cas, dressé procès-verbal pour l'application des pénalités portées à l'article 5 de la loi du 4 septembre 1871.

ARTICLE 14. — Toute personne qui voudra faire le commerce du phosphore devra, indépendamment des formalités imposées par l'ordonnance des 29 octobre et 6 novembre 1846, faire une déclaration préalable au bureau de la régie.

Il en sera délivré une ampliation qui tiendra lieu de commission.

Les marchands de phosphore ne pourront recevoir cette matière qu'en vertu d'expédition régulière et ne pourront en vendre à l'intérieur qu'à des négociants commissionnés ou à des acheteurs ayant satisfait aux conditions imposées par l'article ci-après :

ARTICLE 15. — Quiconque, manufacturier, chimiste ou autre, voudra faire emploi du phosphore devra faire à la mairie une déclaration des quantités qu'il désire employer, ainsi que de l'usage auquel le phosphore est destiné.

Copie de cette déclaration certifiée par le maire devra être présentée, en double expédition, au directeur ou sous-directeur des contributions indirectes qui y apposera son visa.

Une ampliation sera conservée par l'acheteur pour représenter aux agents des contributions indirectes chargés de surveiller l'emploi du phosphore, l'autre sera envoyée par lui au vendeur qui la mettra à l'appui de son registre de vente.

ARTICLE 16. — Aucune quantité de phosphore ne pourra circuler, soit pour la consommation intérieure, soit pour l'exportation, que dans des caisses ou boîtes numérotées, revêtues du plomb de la régie ou, selon le cas, de la douane, et accompagnée d'un acquit-à-caution.

Cet acquit énoncera les numéros et les poids de chacune des caisses composant le chargement.

La délivrance des acquits-à-caution pour l'intérieur est subordonnée à la représentation d'une copie certifiée de la déclaration visée à l'article 15 ci-dessus.

En cas de non rapport du certificat de décharge dans les délais réglementaires ou en cas d'excédents, de manquants constatés à l'arrivée, procès-verbal sera dressé pour l'application des pénalités visées à l'article 5 de la loi du 4 septembre 1871.

ARTICLE 17. — Un compte sera ouvert, dans les mêmes conditions qu'aux fabricants, à tous marchands de phosphore et aux acheteurs de ce produit qui ne feraient pas usage immédiatement des quantités qu'ils auront reçues.

Les marchands et acheteurs qui ne recevraient pas dans l'année des quantités supérieures à 100 grammes de phosphore sont affranchis de la tenue d'un compte.

À ce compte seront inscrites les quantités existantes lors de la mise en vigueur du présent décret et celles reçues postérieurement avec acquits-à-caution.

Aux décharges figureront les quantités régulièrement expédiées et celles dont l'emploi sur place sera justifié.

Article 18. — Un avis du comité consultatif des arts et manufactures déterminera les procédés de dénaturation préalable à employer, soit chez l'acheteur, soit avant la sortie de l'usine, pour le phosphore destiné à des usages agricoles ou industriels.

À défaut de procédés de dénaturation présentant des garanties suffisantes, la décharge des acquits-à-caution sera subordonnée à la mise en œuvre en présence du service.

Article 19. — Les articles 235, 236, 237, 238 et 245 de la loi du 28 avril 1816 et 24 de la loi du 21 juin 1873 sont applicables aux visites et vérifications des employés des contributions indirectes dans les fabriques et chez tous les détenteurs de phosphore.

DÉCRET

Prescrivant les mesures particulières de protection et de salubrité à prendre dans les fabriques d'acéto-arsénite de cuivre

(29 Juin 1895).

Article premier. — Dans les établissements où l'on fabrique l'acéto-arsénite de cuivre, dit *Vert de Schweinfurt*, les chefs d'industrie, directeurs ou gérants sont tenus, indépendamment des mesures générales prescrites par le décret du 10 mars 1894, de prendre les mesures particulières de protection et de salubrité énoncées aux articles suivants.

Article 2. — Le sol et les murs des ateliers dans lesquels on fait la dissolution des produits employés, la précipitation et le filtrage du vert seront fréquemment lavés et maintenus en état constant d'humidité. La même prescription sera appliquée aux parois extérieures des cuves ou autres vases servant à celles de ces opérations qui se font à une température inférieure à l'ébullition.

Article 3. — Les appareils dans lesquels les liqueurs sont portées à l'ébullition seront ou bien clos, ou au moins surmontés d'une hotte communiquant à l'extérieur.

Article 4. — Le séchage du vert doit être pratiqué dans une étuve hermétiquement close, sauf le tuyau d'aération, et dans laquelle les ouvriers n'auront accès qu'après son refroidissement.

Article 5. — Les chefs d'industrie, directeurs ou gérants seront tenus de mettre à la disposition des ouvriers employés aux diverses opérations des masques, éponges mouillées ou autres moyens de protection efficaces des voies respiratoires ; ils devront leur donner des gants de travail en toile pour protéger leurs mains. Les gants, éponges, masques, seront fréquemment lavés.

Ils doivent fournir, en outre, de la poudre de talc ou de fécule pour que les ouvriers s'en couvrent les mains ainsi que les autres parties du corps particulièrement aptes à l'absorption des poussières.

Article 6. — Les chefs d'industrie, directeurs ou gérants doivent fournir aux ouvriers des vêtements consacrés exclusivement au travail et susceptibles d'être serrés au col, aux poignets et aux chevilles. Ils assureront le lavage fréquent de ces vêtements.

Article 7. — Les chefs d'industrie, directeurs ou gérants sont tenus d'afficher le texte du présent décret dans un endroit apparent de leurs ateliers.

Article 8. — Le ministre du commerce, de l'industrie, des postes et des télégraphes est chargé de l'exécution du présent décret, qui sera inséré au *Bulletin des lois* et publié au *Journal officiel* de la République française.

LIVRE I, CHAPITRE III, V.

3° EXPLOSIFS, ETC.

DÉCRET (1)

*Portant modification au décret du 31 juillet 1875 qui règle le transport des matières
dangereuses sur les voies navigables intérieures*
(25 novembre 1895).

LIVRE II, I.

CAISSES D'ÉPARGNE

LOI

Réorganisant les caisses d'épargne
(20 juillet 1895).

Article premier. — Les caisses d'épargne ordinaires sont tenues de verser à la Caisse
des dépôts et consignations toutes les sommes qu'elles reçoivent des déposants ; ces
sommes sont employées par la Caisse des dépôts sous la réserve des fonds jugés nécessaires pour assurer le service des remboursements :

1° En valeurs de l'État ou jouissant d'une garantie de l'État ; 2° en obligations négociables et entièrement libérées des départements, des communes, des chambres de
commerce, en obligations foncières et communales du Crédit foncier.

Les achats et les ventes de valeurs sont effectués avec publicité et concurrence, sur
la désignation de la commission de surveillance instituée par les lois des 28 avril 1816
et 6 avril 1876, et avec l'approbation du ministre des finances. Les achats et ventes de
valeurs autres que les rentes pourront être opérés sans publicité ni concurrence.

Les sommes non employées ne peuvent excéder dix pour cent (10 p. 100) du montant des dépôts au 1er janvier. Elles sont placées soit en compte courant au Trésor dans
les mêmes conditions que les autres éléments de la dette flottante portant intérêt, soit
en dépôt à la Banque de France. La partie déposée en compte courant au Trésor ne
peut dépasser cent millions de francs (100,000,000 fr.).

Article 2. — Tout déposant dont le crédit sera de somme suffisante pour acheter
dix francs (10 fr.) de rente au moins peut faire opérer cet achat en titres nominatifs,
sans frais, par les soins de l'administration de la caisse d'épargne. La rente pourra
également lui être attribuée au cours moyen du jour de l'opération, par un prélèvement sur le portefeuille représentant les fonds des caisses d'épargne.

Dans le cas où le déposant ne retire pas les titres achetés pour son compte, l'admi-

---

(1) Addo, *Recueil*, p. 314. *Décret du 31 juillet 1875* pris en exécution de la loi du 18 juin
1870.

nistration de la caisse d'épargne en reste dépositaire et reçoit les arrérages et primes de remboursement, au crédit du titulaire. Elle peut également les faire vendre sur la demande du déposant.

Le capital provenant de cette vente, déduction faite des frais de négociation, sera porté au nom du déposant à un compte spécial et sans intérêts.

ARTICLE 3. — Les conseils d'administration des caisses d'épargne peuvent rembourser à vue les fonds déposés ; mais les remboursements ne sont exigibles que dans un délai de quinzaine.

Toutefois, en cas de force majeure, un décret rendu sur la proposition des ministres des finances et du commerce, le Conseil d'État entendu, peut limiter les remboursements à la somme de cinquante francs (50 fr.) par quinzaine. Des délais supplémentaires seront fixés par décret pour les opérations nécessitant l'intervention d'un bureau ou d'une caisse situés en dehors de la France continentale.

Les dispositions relatives au remboursement seront portées à la connaissance des déposants par une inscription placée en tête du livret et affichée dans le local des caisses d'épargne.

ARTICLE 4. — Le compte ouvert à chaque déposant ne peut pas dépasser le chiffre de quinze cents francs (1,500 fr.). L'article 9 de la loi du 9 avril 1881 sera applicable aux comptes qui dépasseront ce maximum.

Les comptes qui, au moment de la promulgation de la présente loi, dépasseront le chiffre de 1,500 francs ne pourront pas être l'objet de versements nouveaux ; ils continueront à produire des intérêts, mais ils devront être ramenés à la limite maximum de 1,500 francs dans un délai de cinq ans à partir du 1er janvier qui suivra la promulgation de la présente loi. Si, à l'expiration dudit délai, cette prescription n'a pas été exécutée, le compte sera ramené à 1,500 francs au moyen d'un achat de rente sur l'État effectué d'office et sans avis préalable.

Il sera remis annuellement au ministre du commerce, par chaque caisse d'épargne, un état des livrets dont le chiffre dépasserait le maximum autorisé.

Le montant total des versements opérés du 1er janvier au 31 décembre ne pourra dépasser quinze cents francs (1,500 fr.).

Ces dispositions ne sont pas applicables aux opérations faites par les sociétés de secours mutuels et par les institutions spécialement autorisées à déposer aux caisses d'épargne ordinaires. Le maximum des dépôts faits par ces sociétés et institutions peut s'élever à quinze mille francs (15,000 fr.).

ARTICLE 5. — L'intérêt à servir aux caisses d'épargne ordinaires par la Caisse des dépôts et consignations est déterminé en tenant compte du revenu des valeurs du portefeuille et du compte courant avec le Trésor représentant les fonds provenant des caisses d'épargne.

Les variations de ce taux d'intérêt auront lieu par fractions indivisibles de vingt-cinq centimes pour cent (0 fr. 25 p. 100).

Lorsqu'il y aura lieu de modifier le taux, le nouvel intérêt à servir aux caisses d'épargne sera fixé, avant le 1er novembre, pour l'exercice suivant, par un décret rendu sur la proposition du ministre du commerce et du ministre des finances, après avis de la commission de surveillance de la Caisse des dépôts et consignations et de la commission supérieure instituée par l'article 11 de la présente loi.

ARTICLE 6. — Il est institué par la Caisse des dépôts et consignations un fonds de réserve et de garantie qui ne pourra pas dépasser dix pour cent (10 p. 100) du montant des dépôts. Seront affectés à cette réserve :

1° Le fonds de réserve actuel ;

2° La différence entre les intérêts servis chaque année aux caisses d'épargne et le revenu des valeurs du portefeuille et du compte courant avec le Trésor, sans que cette différence puisse être inférieure à vingt-cinq centimes pour cent (0 fr. 25 p. 100) du montant total des fonds des caisses d'épargne ;

3° Les intérêts et les primes d'amortissement provenant de ce fonds lui-même ;

4° Les retenues d'intérêts imposées aux titulaires de plusieurs livrets, conformément à l'article 18 de la présente loi.

Peuvent seuls être imputés sur ce fonds :

1° Les pertes qui viendraient à résulter, soit de différences d'intérêts, soit d'opérations ayant pour but d'assurer le service des remboursements ;

2° Les sommes à prélever, soit à titre définitif, soit à titre d'avance, en cas d'insuffisance de la fortune personnelle d'une caisse d'épargne, pour faire face aux pertes déjà constatées ou qui seraient ultérieurement reconnues dans sa gestion ;

3° Les frais de contrôle spécial institué par l'article 12.

ARTICLE 7. — Le fonds de réserve est géré par la Caisse des dépôts, sous le contrôle de la commission de surveillance, qui arrête les sommes à prélever dans les cas de perte prévus par l'article 6.

Il est rendu compte de ces opérations dans un chapitre spécial du rapport annuel présenté au Sénat et à la Chambre des députés par la commission de surveillance, conformément à l'article 114 de la loi du 28 avril 1816.

ARTICLE 8. — Les caisses d'épargne ordinaires prélèvent sur le produit de leurs placements une somme suffisante pour faire face aux frais de loyer et d'administration et à l'établissement d'une réserve spéciale dans les conditions prescrites par l'article 9.

Ce prélèvement sera de vingt-cinq centimes pour cent (0 fr. 25 p. 100) au moins et ne pourra pas dépasser cinquante centimes pour cent (0 fr. 50 p. 100) sur l'ensemble des comptes des déposants. Le taux d'intérêt payé par les caisses d'épargne aux déposants peut être gradué selon l'importance des comptes.

Les livrets sur lesquels le mouvement des retraits et des dépôts, y compris le solde antérieur, n'aura pas dépassé la somme de cinq cents francs (500 fr.) pendant le courant de l'année pourront être favorisés soit par un système de primes, soit par une graduation du taux.

Les livrets collectifs des sociétés de secours mutuels et des institutions spécialement autorisées à déposer aux caisses d'épargne jouiront, quel que soit le chiffre de leur dépôt, de l'intérêt accordé à la catégorie des livrets les plus favorisés.

La moyenne de l'intérêt servi aux déposants, soit à titre d'intérêt, soit à titre de prime, ne pourra, en aucun cas, dépasser le chiffre de l'intérêt accordé par la Caisse des dépôts et consignations, déduction faite du prélèvement déterminé ci-dessus, sauf le cas prévu par le dernier paragraphe de l'article 10.

Les caisses d'épargne sont autorisées à émettre des bons ou timbres d'un prix inférieur à un franc et à recevoir ces coupures, lorsque, réunies, elles représentent le montant du versement minimum autorisé.

Le règlement de chaque caisse d'épargne, fixant le taux des primes ou des intérêts gradués, sera publié trois mois au moins avant son application ; il sera communiqué au ministre qui, dans les trente jours à partir de la réception, pourra l'annuler pour violation de la loi. La décision du ministre sera susceptible de recours devant le Conseil d'État.

ARTICLE 9. — Chaque caisse d'épargne ordinaire doit créer un fonds de réserve et de garantie qui se compose :

1° De sa dotation existante et des dons et legs qui pourraient lui être attribués ;

2° De l'économie réalisée sur la retenue prescrite à l'article précédent ;

3° Des intérêts et des primes d'amortissement provenant de ce fonds lui-même.

Toutes les pertes résultant de la gestion de la caisse d'épargne devront être imputées sur ce fonds de réserve, qui constitue sa fortune personnelle.

ARTICLE 10. — Les caisses d'épargne sont autorisées à employer leur fortune personnelle :

1° En valeurs de l'État ou jouissant d'une garantie de l'État ;

2° En obligations négociables et entièrement libérées des départements, des communes, des chambres de commerce ;

3° En obligations foncières et communales du crédit foncier ;

4° En acquisition ou construction des immeubles nécessaires à l'installation de leurs services.

Elles pourront, en outre, employer la totalité du revenu de leur fortune personnelle et le cinquième du capital de cette fortune :

En valeurs locales énumérées ci-dessous, à la condition que ces valeurs émanent d'institutions existant dans le département où les caisses fonctionnent : bons de monts-de-piété ou d'autres établissements reconnus d'utilité publique ; prêts aux sociétés coopératives de crédit ou à la garantie d'opérations d'escompte de ces sociétés ; acquisition ou construction d'habitations à bon marché ; prêts hypothécaires aux sociétés de construction de ces habitations ou aux sociétés de crédit qui, ne les construisant pas elles-mêmes, ont pour objet d'en faciliter l'achat ou la construction, et en obligations de ces sociétés.

Les caisses d'épargne seront tenues, dans les cas prévus par le paragraphe précédent, d'adresser au ministre du commerce, chaque année, dans la première quinzaine de février, l'état des opérations de l'année précédente. Le ministre pourra toujours, sur l'avis de la Commission supérieure, suspendre l'exercice de ce mode d'emploi.

Lorsque le fonds de réserve et de garantie représentera au minimum 2 p. 100 des dépôts, un cinquième du boni annuel pourra être employé à l'augmentation du taux d'intérêt servi aux porteurs des livrets sur lesquels le mouvement des retraits et des dépôts, y compris le solde antérieur, n'aura pas dépassé la somme de 500 francs pendant le courant de l'année.

Article 11. — Il est formé, auprès du ministre du commerce, une Commission supérieure qui se réunit au moins une fois par an, pour donner son avis sur les questions concernant les caisses d'épargne ordinaires ou postales.

Cette commission est composée de vingt membres, ainsi qu'il suit :

Deux sénateurs, élus par le Sénat ;

Deux députés, élus par la Chambre des députés ;

Huit présidents ou directeurs de caisses d'épargne, élus par les caisses d'épargne suivant les formes et dans les conditions à déterminer par un règlement d'administration publique ;

Trois personnes connues par leurs travaux sur les institutions de prévoyance et désignées par le ministre du commerce ;

L'administrateur de la Caisse nationale d'épargne ;

Le directeur général de la Caisse des dépôts et consignations ;

Le directeur du commerce intérieur au ministère du commerce ;

Le directeur du mouvement général des fonds au ministère des finances ;

Le chef du service de l'inspection générale des finances.

Les membres élus et les membres désignés par le ministre sont nommés pour trois ans ; la commission élit son président.

Un chef de bureau du ministère du commerce, désigné par le ministre, remplit les fonctions de secrétaire avec voix consultative.

Le président de cette commission aura entrée, avec voix délibérative, à la commission de surveillance instituée près de la Caisse des dépôts et consignations par l'article 2 de la loi du 6 avril 1876. Il devra être convoqué à toutes les séances où il sera discuté des questions intéressant les caisses d'épargne.

Article 12. — Il sera prélevé sur le fonds de réserve prévu par l'article 6 ci-dessus une somme annuelle de 200,000 francs destinée à organiser le contrôle des opérations des caisses d'épargne par les receveurs particuliers et les trésoriers-payeurs généraux, et par des inspecteurs des finances spécialement désignés pour ces opérations de vérification.

Un règlement d'administration publique, rendu sur la proposition des ministres des finances et du commerce, après avis du Conseil d'État et de la commission supérieure instituée par l'article 11, déterminera les règles applicables au fonctionnement de ce contrôle.

Ce règlement fixera également les conditions d'emploi du crédit de 200,000 fr. dont la répartition sera faite chaque année par le ministre des finances.

Article 13. — Il est interdit de donner le nom de caisse d'épargne à tout établissement qui n'aurait pas été autorisé conformément aux prescriptions de la loi du 5 juin 1835. Les fondateurs et directeurs des établissements constitués en contravention au présent article sont passibles d'une amende de 25 à 30,000 fr. et d'un emprisonnement de trois mois à deux ans. Les tribunaux peuvent ordonner l'insertion et l'affichage des jugements et la suppression de la dénomination de caisse d'épargne, à peine de dommages-intérêts à fixer pour chaque jour de retard. L'article 463 du Code pénal est applicable aux condamnations prononcées en vertu du présent article.

Article 14. — Aucune opération faite dans les caisses d'épargne ordinaires par les déposants et nécessitant un mouvement de fonds et de valeurs n'est valable et ne forme titre contre la caisse d'épargne que si le reçu délivré sur le livret porte outre la signature du caissier, le visa ou la signature de l'administrateur ou de l'agent chargé du contrôle.

La disposition du paragraphe précédent est affichée en permanence dans les bureaux où elle doit recevoir son exécution, et imprimée sur la couverture des livrets.

ARTICLE 15. — Dans le cas où des documents de comptabilité prescrits par les règlements n'auraient pas été produits en temps utile, le ministre compétent peut les faire dresser d'office et aux frais de la caisse d'épargne.

ARTICLE 16. — Les livrets des caisses d'épargne sont nominatifs.

Toute somme versée à une caisse d'épargne est, au regard de la caisse, la propriété du titulaire du livret.

Les mineurs sont admis à se faire ouvrir des livrets sans l'intervention de leur représentant légal. Ils pourront retirer sans cette intervention, mais seulement après l'âge de seize ans révolus, les sommes figurant sur les livrets ainsi ouverts, sauf opposition de la part de leur représentant légal.

Les femmes mariées, quel que soit le régime de leur contrat de mariage, seront admises à se faire ouvrir des livrets sans l'assistance de leur mari ; elles pourront retirer sans cette assistance les sommes inscrites aux livrets ainsi ouverts, sauf opposition de la part du mari. Dans ce cas, il sera sursis au retrait du dépôt et ce pendant un mois à partir de la dénonciation qui en sera faite à la femme, par lettre recommandée, à la diligence de la caisse d'épargne.

Passé ce délai, et faute par la femme de s'être pourvue contre ladite opposition par les voies de droit, le mari pourra toucher seul le montant du livret si le régime sous lequel il est marié lui en donne le droit.

ARTICLE 17. — L'opposition prévue à l'article précédent sera signifiée aux caisses d'épargne dans la forme des actes extrajudiciaires.

Elle produira, à l'égard des caisses, les mêmes effets que l'opposition prévue au code de procédure civile.

ARTICLE 18. — Nul ne peut être en même temps titulaire d'un livret de caisse nationale d'épargne et d'un livret de caisse d'épargne ordinaire ou de plusieurs livrets, soit de caisse nationale d'épargne, soit des caisses d'épargne ordinaires, sous peine de perdre l'intérêt de la totalité des sommes déposées.

ARTICLE 19. — Est admise à circuler en franchise et sous enveloppe fermée la correspondance de service échangée entre les caisses d'épargne, d'une part, et les préfets et sous-préfets, les trésoriers-payeurs généraux et receveurs des finances, d'autre part.

ARTICLE 20. — A partir de la promulgation de la présente loi, les sommes qui, en vertu de l'article 4 de la loi du 7 mai 1853, étaient placées en rentes et celles qui étaient attribuées aux caisses d'épargne par le même article seront prescrites à l'égard des déposants. Elles seront réparties entre les caisses d'épargne, à concurrence des deux cinquièmes, et les sociétés de secours mutuels possédant des caisses de retraites, à concurrence des trois cinquièmes.

Un règlement d'administration publique déterminera les conditions de la répartition entre les sociétés de secours mutuels approuvées et reconnues d'utilité publique.

ARTICLE 21. — L'intérêt à servir par la caisse nationale d'épargne à ses déposants sera calculé et établi dans les conditions et suivant le mode déterminés par l'article 5, en tenant compte du prélèvement nécessaire pour couvrir les frais d'administration de la caisse.

Ce prélèvement ne pourra être inférieur à cinquante centimes pour cent (0 fr. 50 p. 100) ; il devra être suffisant pour que le taux d'intérêt en résultant soit toujours inférieur de soixante-quinze centimes pour cent (0 fr. 75 p. 100) à celui qui sera servi aux caisses d'épargne ordinaires par la Caisse des dépôts et consignations.

ARTICLE 22. — A l'avenir, l'existence d'une caisse d'épargne ordinaire ou d'une succursale dans une commune fera obstacle à l'ouverture, dans cette même commune, d'une autre caisse d'épargne ou d'une succursale relevant d'une autre caisse.

ARTICLE 23. — Les certificats de propriété et actes de notoriété exigés par les caisses d'épargne pour effectuer le remboursement, le transfert ou le renouvellement des livrets appartenant aux titulaires décédés ou déclarés absents, seront visés pour timbre et enregistrés gratis.

ARTICLE 24. — Les saisies-arrêts et oppositions de toute nature, formées auprès des caisses d'épargne, n'auront d'effet que pendant cinq années à compter de leur date, et, si elles n'avaient pas été renouvelées dans l'intervalle, elles seraient rayées d'office à l'expiration de ce délai.

Article 25. — Toutes les dispositions inscrites aux trois premiers paragraphes de l'article 1er et aux articles 2, 3, 4, 8, 16, 17, 18, 21, 23 et 24 de la présente loi sont applicables à la caisse nationale d'épargne.

Article 26. — Toutes dispositions antérieures contraires à la présente loi sont et demeurent abrogées.

DÉCRET

Fixant à 4 1|2 p. 100 l'intérêt bonifié aux Caisses d'épargne ordinaires par la Caisse des dépôts et consignations et à 2 1|2 l'intérêt servi par la Caisse nationale d'épargne à ses déposants

(28 octobre 1895).

LIVRE II, IV.

—

CAISSES PARTICULIÈRES DE SECOURS ET DE RETRAITES

LOI

Concernant les caisses de retraite, de secours et de prévoyance fondées au profit des employés et ouvriers

(27 décembre 1895).

Article premier. — En cas de faillite, de liquidation judiciaire ou de déconfiture, lorsque, pour une institution de prévoyance, il aura été opéré des retenues sur les salaires, ou que des versements auront été reçus par le chef de l'entreprise, ou que lui-même se sera engagé à fournir des sommes déterminées, les ouvriers, employés ou bénéficiaires sont admis de plein droit à réclamer la restitution de toutes les sommes non utilisées conformément aux statuts.

Cette restitution s'étendra, dans tous les cas, aux intérêts convenus des sommes ainsi retenues, reçues ou promises par le chef de l'entreprise. A défaut de convention, les intérêts seront calculés d'après les taux fixés annuellement pour la caisse nationale des retraites pour la vieillesse.

Les sommes ainsi déterminées et non utilisées conformément aux statuts deviendront exigibles en cas de fermeture de l'établissement industriel ou commercial.

Il en sera de même en cas de cession volontaire, à moins que le cessionnaire ne consente à prendre les lieu et place du cédant.

Article 2. — La Caisse des dépôts et consignations est autorisée à recevoir, à titre de dépôt, les sommes ou valeurs appartenant ou affectées aux institutions de prévoyance fondées en faveur des employés et ouvriers.

Les sommes ainsi reçues porteront intérêt à un taux égal au taux d'intérêt du compte des caisses d'épargne.

Article 3. — Dans les trois mois qui suivront la promulgation de la présente loi, toutes les sommes qui, à l'avenir, seront retenues sur les salaires des ouvriers et toutes celles que les chefs d'entreprise auront reçues ou se seront engagés à fournir en vue d'assurer des retraites, devront être versées, soit à la Caisse nationale des retraites pour la vieillesse, au compte individuel de chaque ayant droit, soit à la Caisse des dépôts et consignations, soit à des caisses syndicales ou patronales spécialement autorisées à cet effet.

L'autorisation sera donnée par décret rendu dans la forme des règlements d'administration publique. Le décret fixera les limites du district, les conditions de fonctionnement de la caisse et son mode de liquidation. Il prescrira également les mesures à prendre pour assurer le transfert, soit à une autre caisse syndicale ou patronale, soit à la caisse nationale des retraites pour la vieillesse, des sommes inscrites au livret de chaque intéressé.

Les sommes versées par les chefs d'entreprise dans la caisse syndicale ou patronale devront être employées, soit en rentes sur l'État, en valeurs du Trésor ou garanties par le Trésor, soit en obligations des départements, des communes, des chambres de commerce, en obligations foncières et communales du Crédit foncier, soit en prêts hypothécaires, soit enfin en valeurs locales énumérées ci-après, à la condition que ces valeurs émanent d'institutions existant dans les départements où elles fonctionnent : bons de mont-de-piété ou d'autres établissements reconnus d'utilité publique. Les titres seront nominatifs.

La gestion des caisses syndicales ou patronales sera soumise à la vérification de l'inspection des finances et au contrôle du receveur particulier de l'arrondissement du siège de la caisse.

Si des conventions spéciales interviennent entre les chefs d'entreprise et les ouvriers ou employés, en vue d'assurer à ceux-ci, à leurs veuves ou à leurs enfants, soit un supplément de rente viagère, soit des rentes temporaires ou des indemnités déterminées d'avance, le capital formant la garantie des engagements résultant desdites conventions devra être versé ou représenté à la Caisse des dépôts et consignations ou dans une des caisses syndicales ou patronales ci-dessus prévues.

ARTICLE 4. — Le seul fait du dépôt, opéré soit à la Caisse des dépôts et consignations, soit à toute autre caisse, des sommes ou valeurs affectées aux institutions de prévoyance, quelles qu'elles soient, confère aux bénéficiaires de ces institutions un droit de gage, dans les termes de l'article 2073 du Code civil, sur ces sommes et valeurs. Ce droit de gage s'exerce dans la mesure des droits acquis et des droits éventuels.

La restitution des retenues ou autres sommes affectées aux institutions de prévoyance qui, lors de la faillite ou de la liquidation, n'auraient pas été effectivement versées à l'une des caisses indiquées ci-dessus est garantie, pour la dernière année et ce qui sera dû sur l'année courante, par un privilège sur tous les biens meubles et immeubles du chef de l'entreprise, lequel prendra rang concurremment avec le privilège des salaires des gens de service établi par l'article 2101 du Code civil.

ARTICLE 5. — Pour toutes les contestations relatives à leurs droits dans les caisses de prévoyance, de secours et de retraite, les ouvriers et employés peuvent charger, à la majorité, un mandataire d'ester pour eux en justice, soit en demandant, soit en défendant.

ARTICLE 6. — Un règlement d'administration publique déterminera le mode de nomination du mandataire et les conditions suivant lesquelles seront effectués le dépôt et le retrait des sommes et valeurs appartenant ou affectées aux institutions de prévoyance.

Il déterminera de même le mode de liquidation des droits acquis et des droits éventuels, ainsi que le mode de restitution aux intéressés.

LIVRE II, VII.

1° CAISSE NATIONALE DE RETRAITES POUR LA VIEILLESSE

LOI

Relative à la majoration des pensions de la Caisse nationale des retraites
(29 décembre 1895).

ARTICLE PREMIER. — Le crédit ouvert au chapitre 13 du budget du ministère du commerce et de l'industrie est affecté à la majoration des rentes viagères constituées au profit des titulaires de livrets individuels de la Caisse nationale des retraites pour la vieillesse, et des membres des sociétés de secours mutuels ou de toute autre société de secours et de prévoyance servant des pensions de retraite, qui justifieront de la continuité des versements exigés par la présente loi, âgés d'au moins soixante-dix ans.

Article 2. — Pour avoir droit à cette majoration, les titulaires de ces rentes, outre la condition d'âge indiquée à l'article précédent, devront :

1° Justifier qu'ils ne jouissent pas, y compris ladite rente viagère, d'un revenu personnel, viager ou non, supérieur à 360 fr. ;

2° Avoir effectué, pendant vingt-cinq années consécutives ou non, des actes de prévoyance, soit par vingt-cinq versements annuels au moins opérés sur un livret de la caisse des retraites, soit par vingt-cinq cotisations régulières en qualité de membre participant d'une des sociétés visées à l'article 1er, ayant, depuis le même temps, établi un fonds de retraites.

Les comptes annuels seront produits par ces sociétés à l'appui de leur demande.

A titre transitoire et pendant une période de dix années, à partir de 1895, le nombre d'années de prévoyance exigées de chaque pensionnaire sera toutefois abaissé ainsi qu'il suit :

Quinze ans de prévoyance pour les pensionnaires qui demanderont la bonification de retraite en 1895, et d'ailleurs, réuniront à cette date les conditions exigées ;

Seize ans pour ceux qui feront la demande en 1896, et ainsi de suite, en exigeant une année de plus à chaque exercice nouveau, jusqu'en 1905, date à laquelle la condition de vingt-cinq ans sera définitivement exigée de tous.

Article 3. — Un règlement d'administration publique déterminera la répartition au marc le franc des crédits ouverts pour la bonification des retraites. Ces crédits seront versés à la Caisse nationale des retraites à capital aliéné. Les arrérages de ce capital ne pourront être dépassés, et les pensions servies, majoration comprise, ne devront pas s'élever à une somme annuelle supérieure à 360 fr.

Sur l'avis de la Commission supérieure de surveillance de la Caisse nationale des retraites pour la vieillesse, des bonifications spéciales pourront être attribuées aux parents ayant élevé plus de trois enfants.

Article 4. — Indépendamment des crédits ouverts annuellement au budget, le revenu de la moitié du produit de la vente des joyaux de la couronne formera une dotation spéciale affectée au service des pensions exceptionnelles créées en vertu de l'article 11 de la loi du 20 juillet 1886.

Le bénéfice de l'article 11 de la loi du 20 juillet 1886 est applicable aux membres participants des sociétés de secours mutuels.

La dotation mentionnée au paragraphe 1er du présent article est versée à la Caisse des dépôts et consignations, qui lui bonifiera un intérêt égal à celui qu'elle sert aux fonds des caisses d'épargne.

LIVRE IV, CHAPITRE I, II.

2° TRAVAIL DES ENFANTS ET DES FEMMES DANS LES MANUFACTURES, USINES ET ATELIERS

DÉCRET

Portant modification des articles 1, 3, 5, 6 du décret du 15 juillet 1893 relatif à l'application de la loi du 2 novembre 1892, sur le travail des femmes et des enfants dans les manufactures.

(26 juillet 1895).

Article premier. — Les articles 1er, 3, 5 et 6 du décret du 15 juillet 1893 sont modifiés ainsi qu'il suit :

Article premier. — Dans les industries ci-après déterminées, les femmes et les filles âgées de plus de dix-huit·ans pourront être employées jusqu'à onze heures du soir à certaines époques de l'année et pendant une durée totale qui ne dépassera pas soixante jours par an, sans que, en aucun cas, la durée du travail effectif puisse dépasser douze heures par vingt-quatre heures:

Broderie et passementerie pour confections ;

Chapeaux (Confection de) en toutes matières pour hommes et femmes ;

Confections, coutures, et lingeries pour femmes et enfants ;

Confections en fourrures ;

Pliage et cartonnage des rubans.

Article 3. — Les industries énumérées ci-après sont autorisées à déroger temporairement aux dispositions relatives au travail de nuit, sans que le travail effectif des femmes, filles ou enfants employés la nuit puisse dépasser dix heures par vingt-quatre heures.

DURÉE TOTALE DES DÉROGATIONS.	INDUSTRIES.
Confiseries	90 jours.
Conserves alimentaires de fruits et de légumes.	90 —
Conserves de poissons	90 —
Délainage des peaux de moutons.	60 —
Parfums des fleurs (Extraction des).	90 —
Pâtes alimentaires et fabrique de biscuits employant le beurre frais.	30 —
Réparations urgentes de navires et de machines motrices.	120 — (enfants au-dessus de 16 ans).
Tonnellerie pour l'embarillage des produits de la pêche	90 jours.

Article 5. — Les industries pour lesquelles l'obligation du repos hebdomadaire et les restrictions relatives à la durée du travail pourront être temporairement levées par l'inspecteur divisionnaire, pour les enfants âgés de moins de dix-huit ans et les femmmes de tout âge, sont les suivantes :

Ameublement, tapisserie, passementerie pour meubles ;

Bijouterie et joaillerie ;

Biscuits employant le beurre frais (Fabriques de) ;

Blanchisseries de linge fin ;

Briqueteries en plein air ;

Brochage des imprimés ;

Broderie et passementerie pour confections ;

Cartons (Fabriques de) pour jouets, bonbons, cartes de visite, rubans ;

Chapeaux (Confections de) en toutes matières pour hommes et femmes ;

Corsets (Confection de) ;

Confections, coutures et lingeries pour hommes et enfants ;

Confections pour hommes ;

Confections en fourrures ;

Conserves de fruits et confiserie, conserves de légumes et de poissons ;

Corderies en plein air ;

Couronnes funéraires (Fabriques de) ;

Délainage des peaux de moutons ;

Dorure pour ameublement ;

Dorure pour encadrements ;

Fleurs (Extraction des parfums des) ;

Fleurs et plumes ;

Imprimeries typographiques ;

Imprimeries lithographiques ;

Imprimeries en taille-douce ;

Jouets, bimbeloterie, petite tabletterie et articles de Paris (Fabriques de) ;

Papier (Transformation du), fabrication des enveloppes, du cartonnage des cahiers d'école, des registres, des papiers de fantaisie ;

Papiers de tenture ;

Reliure ;

Réparations urgentes de navires et de machines motrices ;

Teinture, apprêt, blanchiment, impression, gaufrage et moirage des étoffes ;

Tissage des étoffes de nouveauté destinées à l'habillement ;

Tulles, dentelles et laizes de soie.

Article 6. — Les chefs des industries autorisées soit à prolonger le travail jusqu'à onze heures du soir, en vertu de l'article 1er, soit à déroger temporairement aux dispositions relatives au travail de nuit, en vertu de l'article 3, devront prévenir l'inspecteur ou l'inspectrice chaque fois qu'ils voudront faire usage de ces autorisations.

L'avis sera donné par l'envoi, avant le commencement du travail exceptionnel, d'une carte postale, d'une lettre sans enveloppe, ou d'un télégramme, de façon que le timbre de la poste fasse foi de la date dudit avis.

Une copie de l'avis sera immédiatement affichée dans un endroit apparent des ateliers et y restera apposée pendant toute la durée de la dérogation.

Dans les cas prévus à l'article 5, une copie de l'autorisation sera également affichée.

ARTICLE 2. — Le ministre du commerce, de l'industrie, des postes et des télégraphes est chargé de l'exécution du présent décret, qui sera inséré au *Bulletin des lois* et publié au *Journal officiel* de la République française.

LIVRE IV, CHAPITRE II, I.

6° ASSISTANCE PUBLIQUE A PARIS

DÉCRET

Portant règlement d'administration publique pour l'organisation de l'assistance à domicile à Paris
(15 novembre 1895).

TITRE Ier. — *De l'assistance aux indigents et aux nécessiteux.*

Chapitre premier. — *Organisation des bureaux de bienfaisance.*

ARTICLE PREMIER. — Dans chacun des arrondissements de la ville de Paris un bureau de bienfaisance est chargé, sous l'autorité du directeur de l'administration générale de l'assistance publique, du service des secours à domicile.

ARTICLE 2. — Chaque bureau de bienfaisance se compose :

1° Du maire de l'arrondissement ;

2° Des adjoints ;

3° Des conseillers municipaux de l'arrondissement ;

4° D'administrateurs, au nombre de quatre au moins par quartier ;

5° D'un secrétaire-trésorier ayant voix consultative.

Le maire préside le bureau de bienfaisance ; en son absence la présidence appartient à l'un des adjoints.

ARTICLE 3. — Les bureaux de bienfaisance désignent au scrutin, parmi les administrateurs, un administrateur-contrôleur.

ARTICLE 4. — Les administrateurs sont nommés pour quatre ans par le préfet de la Seine et choisis sur une liste double de candidats proposés par une commission spéciale comprenant le maire, les adjoints, les conseillers municipaux de l'arrondissement et quatre habitants désignés par le directeur de l'assistance publique.

Les fonctions d'administrateur sont gratuites.

Le nombre des administrateurs sera augmenté, s'il y a lieu, en raison des circonstances locales, par arrêté du préfet de la Seine, sur la proposition du directeur.

Les femmes peuvent être nommées administratrices du bureau de bienfaisance.

Les administrateurs sont répartis en quatre séries, par voie de tirage au sort ; chaque année, il sera procédé au renouvellement d'une série ; les administrateurs peuvent être réinvestis.

Lorsqu'il y a lieu de remplacer un administrateur avant l'expiration de son mandat, le nouvel administrateur ne reste en exercice que jusqu'à l'époque où il y aurait eu lieu au renouvellement du mandat de celui qu'il remplace.

Les administrateurs ne peuvent être révoqués que par le ministre de l'intérieur, sur la proposition du préfet de la Seine, après avis du conseil de surveillance et du directeur.

Dans les cas urgents, la suspension provisoire est prononcée par le préfet.

ARTICLE 5. — Après vingt ans de service, les administrateurs peuvent être nommés administrateurs honoraires par le ministre de l'intérieur.

ARTICLE 6. — Le bureau de bienfaisance se réunit au moins deux fois par mois sur la convocation du maire. Ses délibérations ne sont valables que si la majorité de ses membres est présente.

ARTICLE 7. — Une délégation du bureau de bienfaisance se réunit chaque jour à la mairie, à une heure déterminée, sous la présidence du maire ou d'un adjoint désigné par lui. Cette délégation se compose de quatre administrateurs, à raison d'un par quartier, désignés chaque semaine à tour de rôle. En cas d'empêchement, les membres de la délégation se font remplacer par leurs collègues.

ARTICLE 8. — Il est attaché à chaque bureau, pour le service des enquêtes, des visites et des quêtes, des commissaires et des dames patronnesses dont les fonctions sont gratuites, et, au besoin, des agents salariés.

Les cadres du personnel administratif sont fixés, pour chaque bureau, par arrêté du directeur, approuvé par le préfet de la Seine.

Le secrétaire-trésorier, les commissaires, les dames patronnesses et les employés de tout grade ayant droit à une pension de retraite sont nommés par le préfet de la Seine sur une liste de trois candidats présentés par le directeur de l'Assistance publique.

Le directeur nomme les surveillants et gens de service.

Les révocations sont prononcées par l'autorité qui a nommé aux emplois.

Chapitre II. — *Attributions des bureaux de bienfaisance.*

ARTICLE 9. — Les bureaux de bienfaisance font emploi des ressources de toute nature dont ils ont la disposition en vertu de l'article 15 ci-après.

Ils donnent leur avis sur les comptes et budgets spéciaux à chacun d'eux.

Ils préparent la liste des indigents.

Ils adressent tous les ans au directeur un rapport sur la marche du service de l'assistance à domicile dans l'arrondissement, sur les besoins particuliers de ce service et les ressources spéciales dont il dispose.

ARTICLE 10. — Les administrateurs assurent la distribution des secours, chacun dans la circonscription qui lui est spécialement confiée. Ils portent au domicile des indigents et nécessiteux les titres de secours de toute sorte.

Les commissaires et les dames patronnesses leur prêtent leur concours.

ARTICLE 11. — L'administrateur-contrôleur est chargé, sous l'autorité du maire, de suivre l'exécution des décisions du bureau ; il a la surveillance des procès-verbaux, des registres et de la comptabilité ; il vise les pièces de recettes et de dépenses, et à la fin de chaque mois, le journal général.

ARTICLE 12. — Le secrétaire-trésorier rédige les procès-verbaux, tient les registres, prépare la correspondance.

Il dirige le travail des employés et veille à l'exécution des règlements intérieurs, reçoit les fournitures et signe les ordres de livraison des marchandises.

Il est exclusivement chargé de la garde de la caisse et des magasins ; il est régisseur de recettes et de dépenses dans les conditions prévues par les paragraphes 4 et 5 de l'article 15 et par le paragraphe 3 de l'article 18.

ARTICLE 13. — La délégation permanente est spécialement chargée de l'attribution des secours aux nécessiteux et des secours extraordinaires aux indigents.

ARTICLE 14. — Les membres du bureau, les commissaires et dames patronnesses doivent rester étrangers à tout maniement de deniers.

Chapitre III. — *Régime financier des bureaux de bienfaisance.*

ARTICLE 15. — Les recettes de chaque bureau de bienfaisance comprennent :

1° Le produit des dons, donations ou legs qui lui ont été faits ;

2° La part proportionnelle à la population indigente de l'arrondissement, qui est attribuée au bureau dans le produit du bien des pauvres centralisé au budget de l'assistance publique ;

3° La part attribuée au bureau dans la subvention votée par le conseil municipal et inscrite au budget général de l'assistance publique ;

4° Le produit des troncs, quêtes, collectes et fêtes de bienfaisance ;

5° Le produit de tous les dons recueillis par les maires, adjoints, administrateurs, commissaires et dames patronnesses.

Le montant des recettes mentionnées aux paragraphes 4 et 5 est intégralement versé dans la caisse du secrétaire-trésorier, pour être reversé par lui à la caisse de l'administration centrale, au compte spécial du bureau de bienfaisance destinataire.

ARTICLE 16. — La subvention prévue par le paragraphe 3 de l'article 15 est répartie annuellement entre les vingt bureaux de bienfaisance, par arrêté du préfet de la Seine rendu après avis du conseil de surveillance et du conseil municipal, en tenant compte, pour chaque bureau, du nombre d'indigents qu'il a à secourir et des ressources permanentes ou variables dont il dispose, de façon à assurer une répartition aussi égale que possible des secours publics entre tous les indigents de Paris.

ARTICLE 17. — Les dépenses du bureau de bienfaisance s'appliquent, en dehors des frais d'administration :

1° Aux secours aux indigents ;

2° Aux secours aux nécessiteux.

ARTICLE 18. — Le budget et les comptes de chaque bureau de bienfaisance forment respectivement un sous-chapitre spécial dans les budgets et les comptes de l'administration générale de l'assistance publique.

Le receveur de l'assistance publique est seul justiciable de la Cour des comptes ; il centralise toutes les recettes et pourvoit à toutes dépenses.

Il est autorisé à faire aux secrétaires-trésoriers, sur mandat du directeur de l'assistance publique, une avance de fonds qui ne pourra excéder le douzième des sommes figurant au crédit budgétaire du bureau de bienfaisance, à charge par le secrétaire-trésorier de produire à l'administration centrale, dans le délai d'un mois, les pièces justificatives des sommes par lui payées.

Les secrétaires-trésoriers sont astreints au dépôt d'un cautionnement dont le montant est fixé par l'arrêté de nomination.

Chapitre IV. — *Des personnes à secourir.*

ARTICLE 19. — Les personnes à secourir comprennent :

1° Les indigents ;

2° Les nécessiteux.

ARTICLE 20. — Ne peuvent être admis à recevoir des secours annuels que les indigents inscrits sur la liste générale préparée chaque année par le bureau de bienfaisance et arrêtée par le directeur de l'assistance publique. Les radiations en cours d'année sont opérées dans les mêmes formes que les inscriptions.

ARTICLE 21. — La liste des indigents comprend les personnes de nationalité française domiciliées à Paris depuis trois ans au moins, incapables par leur âge ou leur invalidité de pourvoir à leur subsistance par le travail, ainsi que les femmes veuves, séparées, divorcées ou abandonnées ayant des charges exceptionnelles de famille et qui remplissent les conditions ci-dessus de nationalité et de domicile.

ARTICLE 22. — Les indigents sont tenus de faire connaître au secrétariat du bureau de bienfaisance la quotité des secours permanents qu'ils reçoivent d'institutions charitables étrangères à l'administration de l'assistance publique.

En cas de fausse déclaration, les secours annuels sont supprimés.

La liste des indigents peut être communiquée, avec autorisation du maire, aux représentants des œuvres qui prennent l'engagement de communiquer au bureau de bienfaisance la liste des personnes qu'elles secourent.

ARTICLE 23. — Sont secourus temporairement comme nécessiteux les individus valides ou malades : 1° qui ne peuvent momentanément pourvoir à leur subsistance ; 2° qui, étant inscrits comme indigents, ont besoin de secours exceptionnels.

Chapitre V. — *Des secours.*

ARTICLE 24. — Les bureaux de bienfaisance accordent des secours en argent et exceptionnellement des secours en nature ; ils peuvent voter des allocations de tout genre destinées à soulager des misères spéciales, telles que : prêts d'objets usuels, secours de route et de rapatriement, avances pour loyers.

ARTICLE 25. — Les secours annuels aux indigents sont payés sur cartes nominatives et sur l'acquit de la partie prenante.

Les cartes sont visées chaque mois et avant payement par l'administrateur.

Les objets en nature sont délivrés contre reçu.

Lors du payement mensuel, les cartes de secours restent entre les mains du secrétaire-trésorier ; sur le vu de ces cartes, l'administrateur-contrôleur établit un procès-verbal constatant leur rentrée régulière au bureau.

Ce procès-verbal, qui constitue un certificat de vie et un certificat de vu-payer collectifs, est produit à l'appui des mandats de régularisation.

Les cartes sont ensuite remises aux administrateurs divisionnaires qui demeurent chargés de les faire parvenir aux indigents après les avoir visées à nouveau.

ARTICLE 26. — Les secours accordés aux nécessiteux par la délégation permanente, conformément à l'article 23, sont payés sur bons numérotés détachés de livrets à souche et signés par le maire ou son délégué.

Ces bons ne sont valables que pendant un mois à partir de leur délivrance et ne peuvent être payés que sur l'acquit des parties prenantes.

ARTICLE 27. — Le directeur peut accorder d'urgence un secours aux personnes nécessiteuses dont la demande lui paraît fondée.

La dépense est imputée sur le crédit ouvert annuellement à cet effet au budget de l'assistance publique et qui ne pourra dépasser 3 p. 100 du total des crédits affectés annuellement aux nécessiteux.

Sur le montant des allocations inscrites au budget pour secours à domicile, une somme qui ne pourra excéder 30,000 fr. sera mise à la disposition du préfet de la Seine pour être distribuée à titre de secours exceptionnels.

Un état des secours ainsi accordés devra être produit chaque année à l'appui des comptes.

ARTICLE 28. — Les bureaux de bienfaisance sont autorisés à s'entendre avec les sociétés d'assistance par le travail à l'effet de substituer, autant que possible, les secours en travail aux secours en argent.

ARTICLE 29. — Les secours représentatifs du séjour à l'hôpital en faveur des vieillards et des infirmes sont alloués par le directeur de l'Assistance publique, sur la proposition des bureaux de bienfaisance, après avis de la commission de placement dans les hospices et suivant les règles d'admission dans ces établissements.

Le dixième des secours représentatifs peut être accordé par le directeur sans présentation des bureaux de bienfaisance.

Les secours représentatifs sont accordés aux vieillards et aux infirmes sur les fonds du budget général de l'assistance publique, sans distinction d'arrondissement.

Les secours représentatifs sont délivrés par le secrétaire-trésorier, dans la même forme que les secours aux indigents, sur les fonds spéciaux qui lui seront avancés à cet effet par le receveur de l'assistance publique.

Ces secours peuvent toujours être supprimés.

TITRE II. — *De l'assistance médicale.*

ARTICLE 30. — L'organisation et la direction de l'assistance médicale et des services qui en dépendent sont confiées au directeur de l'assistance publique. Les bureaux de bienfaisance concourent, sous l'autorité du directeur, au fonctionnement et à la surveillance de ces services et demeurent chargés de visiter et d'assister les pauvres malades.

Les malades inscrits sur la liste des indigents ou reconnus nécessiteux par la délégation permanente ont seuls droit, sauf le cas d'urgence, à l'assistance médicale gratuite.

Article 31. — L'assistance médicale assure aux malades, soit la visite et le traitement à domicile, soit la consultation et le traitement au dispensaire.

Article 32. — Un ou plusieurs dispensaires sont affectés aux malades de chacun des arrondissements. Les dispensaires peuvent être installés dans les bâtiments affectés aux hôpitaux, mais à la condition d'être absolument distincts des services hospitaliers.

Article 33. — A chaque dispensaire est attaché :

1° Un personnel médical ;

2° Un personnel administratif ;

3° Un personnel auxiliaire, pouvant comprendre des dames chargées d'assister les malades traités à domicile.

Les employés, ayant droit à une pension de retraite sont nommés par le préfet de la Seine sur une liste de trois candidats présentés par le directeur de l'assistance publique.

Le directeur nomme les surveillants et gens de service.

Les révocations sont prononcées par l'autorité qui a nommé aux emplois.

Article 34. — Les médecins préposés au service de l'assistance médicale sont nommés au concours pour trois années commençant au 1er janvier qui suit leur institution. Ils reçoivent leur investiture du ministre de l'intérieur. Ils peuvent être réinvestis après avis du directeur de l'assistance publique et du bureau de bienfaisance.

Tout médecin non réinvesti ne peut plus se représenter au concours.

Les candidats doivent réunir les conditions suivantes :

1° Être de nationalité française et pourvus du diplôme de docteur en médecine délivré par une des facultés de médecine de l'État ;

2° S'ils postulent pour le service du traitement à domicile, s'engager à résider dans l'arrondissement où ils seront appelés à exercer leurs fonctions, ou dans un quartier limitrophe.

Les fonctions de médecin de l'assistance médicale sont incompatibles avec celles d'administrateur du bureau de bienfaisance.

Les médecins de l'assistance médicale reçoivent une indemnité fixe ; ceux d'entre eux qui sont chargés du traitement à domicile reçoivent en outre une indemnité variable suivant le nombre de visites qu'ils ont faites pendant l'année.

Les médecins peuvent être avertis ou réprimandés par le directeur de l'assistance publique, après avis du conseil de surveillance.

Ils peuvent être destitués par le ministre de l'intérieur, après avis du conseil de surveillance. En cas d'urgence, le préfet peut prescrire la suspension provisoire.

Aucun médecin ne peut rester en activité après sa soixante-cinquième année.

Article 35. — Les malades auront la faculté de choisir leur médecin parmi les médecins chargés du traitement à domicile dans leur quartier.

Article 36. — Les sages-femmes préposées au service de l'assistance médicale doivent être de 1re classe.

Elles sont nommées par le directeur de l'assistance publique.

Elles sont tenues à la résidence dans l'arrondissement où elles exercent leurs fonctions.

Article 37. — Les femmes enceintes auront la faculté de choisir leur sage-femme parmi celles qui sont préposées au service médical de l'arrondissement.

Article 38. — Il est créé, dans un ou plusieurs dispensaires par arrondissement, une pharmacie spéciale approvisionnée par la pharmacie centrale des hôpitaux.

Toutefois, le directeur pourra autoriser exceptionnellement, après avis du conseil de surveillance, la fourniture des médicaments par les pharmaciens de la ville dans les arrondissements où ce mode de distribution offrirait de réels avantages.

Sauf les cas d'urgence, les médicaments sont délivrés exclusivement aux indigents ou nécessiteux.

Article 39. — Les pharmaciens sont nommés par le directeur de l'assistance publique. Ils reçoivent un traitement fixe et doivent habiter le dispensaire, de façon à assurer constamment le service.

ARTICLE 40. — Les dépenses afférentes au service de l'assistance médicale forment un chapitre spécial du budget de l'assistance publique.

Les fonds alloués actuellement aux bureaux de bienfaisance pour le traitement des malades et des accouchées font retour au budget général de l'assistance publique.

Dispositions diverses et générales.

ARTICLE 41. — Les mesures d'exécution que comporte le présent décret seront arrêtées par le préfet de la Seine.

ARTICLE 42. — Sont et demeurent abrogés le décret du 12 août 1886 et toutes les dispositions qui sont contraires au présent décret.

ARTICLE 43. — Le président du conseil, ministre de l'intérieur. . . . .

SUBVENTIONS DIVERSES

LOI

Portant fixation du budget général des recettes et des dépenses de l'exercice 1896
(28 décembre 1895).

Ministère du commerce.

Ch. 35. — Encouragement aux associations ouvrières de production et de crédit . . . . 140,000 fr.

Ch. 37. — Bonifications aux pensions de retraite. — Allocation à la vieillesse. 2,000,000

Ministère de l'intérieur.

Ch. 11. — Subvention aux sociétés de secours mutuels . . . . 810,000 fr.

Ch. 12. — Majorations des pensions de retraite des membres des sociétés de secours mutuels. 900,000

Ch. 42. — Subventions à des institutions de bienfaisance et d'assistance par le travail, et secours d'extrême urgence . . . 500,000

TABLE DES MATIÈRES

Nancy, imp. Berger-Levrault et Cⁱᵉ.

9 782013 547178